齐长城与管子

——齐长城经济文化考察

国光红　著

文物出版社

图书在版编目（CIP）数据

齐长城与管子：齐长城经济文化考察／国光红著
. —北京：文物出版社，2019.7
ISBN 978 – 7 – 5010 – 6210 – 2

Ⅰ.①齐⋯　Ⅱ.①国⋯　Ⅲ.①长城 – 研究 – 中国 – 齐
国（前 11 世纪 – 前 221）　Ⅳ.①K928.77

中国版本图书馆 CIP 数据核字（2019）第 143950 号

齐长城与管子
—— 齐长城经济文化考察

著　　者：国光红

责任编辑：许海意
装帧设计：程星涛
责任印制：张道奇

出版发行：文物出版社
社　　址：北京市东直门内北小街 2 号楼
邮　　编：100007
网　　址：http://www.wenwu.com
邮　　箱：web@ wenwu.com
经　　销：新华书店
印　　刷：北京京都六环印刷厂
开　　本：710mm×1000mm　1/16
印　　张：12
版　　次：2019 年 7 月第 1 版
印　　次：2019 年 7 月第 1 次印刷
书　　号：ISBN 978 – 7 – 5010 – 6210 – 2
定　　价：45.00 元

自序

　　自从齐长城进入视野，至今已经二十余年。十数年间常思量重拾旧话，而浮生如寄，心无定所，一任岁月蹉跎。戊戌年孟春正月，是月也，鱼上冰，獭祭鱼，喜鹊利市，学人贩书。笔者亦欲再缀旧绪，不承想举帆而风顺，五月端午节，齐长城书稿居然竣工。

　　这本书最让笔者欣慰之处，就在于将齐长城与管子其人、其书联系。因此这本书最费工夫之处，就是对《管子》"轻重"诸篇的重新认识理解；而令笔者最心虚、最不敢炫耀之处也正在于此，所惴惴者，数纸夜话盲说，深恐贻笑大方。

　　笔者对《管子》"轻重"诸篇的尝试，只依据了清朝同治年间戴望所著《管子校正》（中华书局版《诸子集成》本），对《校正》汇集的前贤说解，或有引证，或有质疑。采纳既有限，对当下时贤观点自然疏于说项，这是本书的一大缺憾。不过笔者也想告诉公众读者，本书没有刻意弥补罅漏，也有不敢深入时贤城府之意，担心会干扰笔者对《管子》学说的国语蒙学式理解——虽然不敢班门弄斧，但是正因为笔者对《管子》"轻重"诸篇的"国语蒙学式"理解，自有其闭门造车、绝无抄袭之嫌的长处，所以敝帚自珍；即使不免乎拗口，却格外不忍乎割爱。

　　本书有不少看点，读者经历不同，可能会有见仁见智的选择，所以笔者不欲在自序里做不着边际的引导。好在书页相对单薄，读者看过目录就知道如何检寻。但是本书的总体思路和论证方法，是有必要提请读者事先注意的，读者在看书之前有思想准备，就容易跟笔者的论证接茬了。

　　本书的思路和论证方法，可以从以下三方面看：

其一，齐长城的话题是历史话题，文化话题；管子是齐国贤相，一代经济学家。笔者设想：当齐长城遇上齐国的管子，或许有出人意料的故事发生。结果发现，管子与齐长城，犹如被人为分置于异地的左门、右户，虽然锈蚀剥落，而找来对拢后果然是——就连陈旧程度都一样——浑然一体的门面。笔者事先估计会是这样的结局走势，但是如此天衣无缝，是笔者没有想到的。

专家们可能认定这一切充其量不过是客观巧合，不然就是主观附会，而笔者则认为这是主观思路吻合于客观事实：这证明我们的思路是正确的。谓余不信，就请尝试一下再给齐长城另外安排一次邂逅相遇，限于齐国人物，譬如遇上国佐、田文、孙膑、冯谖、邹衍、淳于髡；他乡也将就，只要人物齐整，譬如遇上并非齐人的穆天子、楚庄王、宋襄公、郑子产、吕不韦，任是谁，看他们是否也像管仲那样，与齐长城丝丝入扣，若合符契。

其二，渤海之滨盛产海盐，我们将这一事实作为前提。先假设早有一道平原长城，对沿渤海滩涂盐场取一线拱卫之形，在北（《管子》书中有这道长城的身影，另有一道颇有争议、且不被看好的典籍旧传注支持这个假设）；现实中本来就有一道山岭长城，沿泰沂山脉一线对假设的平原长城呈堵截之势，在南。从齐地滩涂海盐想到齐长城，从假设的北部齐长城想到现实中的南部齐长城，皆令人感觉前因后果秋毫不爽。

其三，如果尝试让齐长城遇上战争，东西走向的齐长城当然只能抵御南方的入侵，不可能抵御西方、西南方、西北方的入侵。但是历史告诉我们什么？历史认真地说：春秋、战国时期，敌国从西方、西南方、西北方的入侵屡屡不断；至于南方，齐国南境从来没有发生过蚁傅齐长城的战事。历史不说假话，当年，无论春秋时期，还是战国时期，齐国的卫国战争用不着齐长城，齐长城也并没有参与过齐国的卫国战争。

笔者与长城专家们的分歧就在于此。

近几年来，笔者看到有的齐长城专家已经不在固守齐长城修建于战国时期的观点，有位齐长城专家已经暗中将齐长城的修建年代逐渐从战国时期（这有齐长城专家自己早先发表的论文为证）上推到春秋时期（这有齐长城专家发表在网上的言论为证），而且也承认齐长城一线并没有发生过针对齐国的战争。这就与笔者十几年前发表文章所使用的依据几乎如出一辙，但不知齐长城专家的依据是缘何而改变的，更不知专家在依据既已改变的情况下，是如何维持其原先的观点的。突兀变来变去的依据显得太没气节，而无视现实顽守前朝年号的执着也显得太过于幼稚了。

读者看到书中对长城专家偶有批评之处，也请不要介意，您就当批评者是在跟专家们套近乎，或者只当是边角过场人物的舞台道白，临场发挥，言语差池，都是允许的。我想我和长城专家的关系，就好比寓言语境中的庄子与惠子，或者就是庄生与蝴蝶：有时我是惠子，他们是庄生；或者我是蘧蘧然庄周，他们是栩栩然蝴蝶。

也许，就连齐长城也只是历史舞台的过场背景，可能永远不会进入时髦学术话题。但是这对齐长城本身来说，以及对与齐长城有关的学问来说，则完全是好事，有些学问就是因为不被关注而仍然保持其学术本色至今，而有些学问则因为水平线下置喙者太多导致而今面目全非。这些是关心学术的学人都知道的。

2004年，笔者曾经引领学生对齐长城进行分段实地考察，首批参加者有：李艾云、侯华利、宋庆九、吴秋本、周丙华、冯琳。以后又有陆续参加者，《联合报》文艺副刊编辑张成，参加了对安丘一段齐长城的考察。我的同事张玉琴教授提供了关于"盐道"的信息，并参加了这段"盐道"的考察，这段考察加深了笔者对于"盐枭"的认识。今年夏天，学生牛鹏志、王新为笔者提供信息并安排、陪同笔者考察了昌乐古城村城墙遗址。作为学生、朋友、志愿者，他们为齐长城考察付出的艰辛劳作和寄托的善良愿心令我难以忘怀。

本书荒谬瑕疵之处，欢迎同道朋友指正。

戊戌年端午节翌日

写于济南金鸡岭下浮生如寄庐

目 录
Contents

导 言

小时候跟大人进城，见店铺前的八哥反复说一句话，遂以为普天下的城里八哥都说一样的"八哥，八哥，几点了"，现在回想起来很可笑。不过，儿童见识也并非全无道理，因为作为八哥教科书的基本信条，这句经典"八哥语"从清朝末年贝勒爷有闲时代已经时兴过若干年了。当然，尽管不无道理，仍然可笑。

见闻范围内的长城都是战争防御的产物，习惯认识遂在长城与战争防御之间画等号。长城专家受到习惯影响，于是就在"长城"字样后边认真地刻上一道指向"战争防御"的箭头。而根据我们的考察，齐长城与视野中的其他长城迥然不同，将齐长城与其他长城混为一谈的见识，与历史事实大相径庭。

我们这本书要说的就是：齐长城不是战争防御的产物。一提到齐长城，就想到战争防御，这只是民间认识，而民间认识往往掺杂一些想当然的成分。所以专家们应当做的就是，努力克服惯性思维定式之下的成见，摒弃自定义式的理解，根据典籍以及历史事实说话，将齐长城的话题真正提升到学术层面。

从济南的长清区起步，沿着泰沂山脉东行，直到青岛市的黄岛区，有一条绵亘千余里的古长城。这条古长城历经了几千年的风风雨雨，如今只剩下草蛇灰线，但是泰山来龙，沂山去脉，横贯山东、分限齐鲁的走势真实不虚，有迹可循，一直在向世人提醒着它的历史存在。（图一）

这条残迹断续、一脉不绝的古长城，好像在有意识地考验人们的智慧，它向人们展示了这样一份问卷：我是谁？我从哪里来？我来做什么？这份试卷看似平庸却又暗含难度，可惜的是，参与答卷的专家们习惯性地集体穿帮抄袭，所以齐长城只收上来清一色的答卷。

若干年来的文科学问似乎是在有意无意地助长平庸，这使得一些没有任何学术

图一　长清区孝里岚峪北山

观点的学者可以乐此不疲地操作其抄录点评、板块裁剪的大作坊营生，有滋有味地咋吮着学前班学术大餐的汁水，而一生安享学术方巾的尊荣。

笔者不自量力，想借齐长城一隅之地向世人证明：有的世间学问是不能那么做的。所以在接下来涉及多方面的论证过程中，笔者将努力做到尊重历史，敬奉典籍，精准取证。好吧，言归正传。

齐长城，最初人们只是把它叫作"长城"，所以当后来人们将它记载于古代典籍的时候，也以"长城"称之。而其实"长城"并不是真正意义上的名字："长城"的最初含义，其实就是长长的一道墙；比一般绕城一圈的城墙还要长（但是不做环绕状），所以叫"长城"。

在齐长城最初以"长城"的名称行世的时候，它肯定是最早的。就是因为最早，所以是独一无二的；正因为独一无二，所以不需要为了区别而起名——所以它就被称为"长城"了。这就好像说"高楼""大厦""长亭""短亭"一样，人们根本就没给齐国的这道"长城"正式起个名字。

到了战国时期，各国出于战争防御的目的也先后修筑了类似的建筑，遂因袭之也以"长城"呼之。这时候，好像需要与各国的长城相区别了，但是"齐长城"仍然只被叫作"长城",并不以"齐"冠名。而且列国新修的长城也皆以"长城"记载于史书,也是"高楼""大厦"的这么叫。这可能是因为齐长城以及列国长城皆与日常生活关系不大,所以这些"长城"一直没有机会以对比的姿态进入日常话语,因此也就没有区别的必要;而在需要表述它们的方位或者某个段落的时候,可以冠以方位或者地段称之,譬如"阴雍长城",大概就是指地处"阴雍"的长城,等等。

齐长城以"齐"冠名,以及列国长城分别以其国名冠名,是人们在时过境迁之后而行追忆的名称,简单说,"齐长城"以及列国长城——譬如"燕长城""赵长城"的名堂都是后起的。

"齐长城"是个历史性的名物,以"齐"冠名,能够表示它的位置、归属,以及建筑者的方居乡里。但是历史并没有向后人昭示它的建筑年代和它的建筑目的。另外,它的复线、关口以及通关的南北大道等等,都是用来做什么的——齐长城的问卷就包括这些内容——这些问题也都没有科学意义上的令人信服的答案。

开始面对这些疑问的时候,我们几乎是无从下手:中国的学问需要典籍的支持,但是关于齐长城,好像只有零星散见的典籍资料,而且普遍存在一个可信程度的问题。所以,如果缺乏行之有效的梳理剔发、正确理解、细心拣择、去伪存真,它们几乎全都荏弱无力。

20世纪90年代,泰安的几位老人对齐长城做过一次实地踏访,为齐长城的研究做了必要的铺垫工作,也由此掀起了一股齐长城考察热,专家们开始注意到齐长城。齐长城给人们留下了大量的困惑,民间等待学者的指点,专家们却不能提供一个明晰而令人信服的结论。后来见到的专家著作似乎只是想让齐长城服务于旅游文化的推介,而对齐长城的真实性质并不想做深入研究,没有针对上述疑问的正面答复,只是在无关紧要的细枝末节上重复一些驴不及舌的想象,而实事求是的证明则根本不见踪影。

民间早就被一条习惯思路锁定,专家们从民间接过了这条习惯思路,这个习惯思路立马就专利似的成了现代专家们的观点。于是民间又被告知:齐长城是战争防御的产物。反复考核之后，笔者终于明白：专家们集体穿帮抄袭的答卷，其根据就是这些"民科"内容——"民科"被专家们接手后，摇身一变为"主流认识"。

人们仿佛遇到了一件奇怪的无头案：作案时间、动机都似是而非，甚至是阒然无痕，却被告知是铁案如山。幸亏齐长城不是凶杀的产物，否则，不知多少人会牵连于这场冤案而蒙受缧绁囹圄之苦。

我们知道，对齐长城的理解，任何先验的直觉都应当在摒除之列。但是基于目验的某种感受——就假定那是直觉——却在顽强地告诉我们：齐长城不是一般的长城，在其裸露的外表之下，隐藏着大智若愚式的秘密。基于目验的感受，凭借对一定量的古代典籍的一眼认识，笔者的信心每时每刻都在受到鼓舞：只要真正调理好思路，尊重事实，贴近历史，精准地选择借鉴古代典籍，对齐长城进行全方位、多角度考察，齐长城的问题是可以贯通解决的。

关于这道齐长城，甲骨卜辞、青铜器铭文，以及《尚书》《周易》《诗经》《春秋》《论语》《孟子》等，都不见其踪影。先秦诸子书最早提到齐长城的是《管子》，时间可能比《战国策》《竹书纪年》等都要早。有的学者认为《管子》的记载不可尽信，但是相提而论，《战国策》《竹书纪年》等也未必全然可信，而我们的考证似乎只能依靠这些古代典籍才能进行。关键是我们对这些古代典籍的看重程度和理解程度，而且最重要的是：忝为专家、学者的"我们"，是否真的可以不借助白话文翻译就能看懂这些古代典籍。

本书讨论齐长城，并且兼以讨论《管子》，这是本书的两个重点。我们看重《管子》，首先因为管仲是齐国人，而我们面对的这道长城是齐国长城。对于管子其人、其书的定位、评价，前辈学者的意见颇不能一致，有的视为道家，有的视为法家，有的视为经济学家，都有道理。笔者倚重管子其人其书，是将管子视为胜任宰相之职的一流政治经济学家。

齐长城是一个历史文化话题，外貌朴拙，而内涵丰富，深入挖掘其残留土石痕迹之下的蕴含，就有可能发现它赖以扎根的厚重的历史文化积淀。齐长城位于山东，但是齐长城的意义并不只限于泰沂山脉；正如同管仲是齐国人，但是管子的学问也并非乡土教材可比。

管子是春秋时期的经济学家，管子的思想肯定前有源头后有影响，而齐长城的修建年代可以假设是春秋时期或前或后，这样，我们就可以将齐长城置于一个经济文化的视角之下进行一番别样的考察，或许能够取得意想不到的收获，而更接近历史事实真相。

如果要求事先估价本书的意义，笔者会这样说：本书的意义，或曰特色，或曰贡献，首先就在于——即使不敢保证最终结论完全正确，但是肯定可以最大限度地逼近真相——将管子与齐长城互相联系。不知道在笔者之前有没有人也曾这样联系过。

有些历史文化话题，长期以来既缺乏见识，又缺乏严密逻辑。譬如将满月般大的隋侯珠，研磨成细粉用作钙奶饼干的添加剂——这就是缺乏见识；譬如一听到"长城"口供，就判定它准是个弹痕累累、常年挨打的苦主——这就是思路枯竭兼以逻辑混乱。

所以，笔者时时提醒自己：不能低估了荒芜苍凉的相门城府；兼以奉告同道朋友：我辈学人不可小觑了齐长城。

第一章

有关齐长城的典籍记载

一　齐长城的起点、终点及走向

《战国策·秦策一》记载（可能应当说"追忆"好些。本书用"记载"措辞，有的其实就是"追忆"，下不复注）了张仪在秦惠王面前演说的一段长篇大论，其中说到齐国而涉及齐国的"长城"："臣敢言往昔。昔者齐南破荆，中破宋，西服秦，北破燕，中使韩、魏之君，地广而兵强。战胜攻取，诏令天下。济清河浊，足以为阻，长城钜防，足以为塞。齐，五战之国也，一战不胜而无齐。故由此观之，夫战者万乘之存亡也。"[①]这段话十分重要，因为它涉及了齐长城，而《战国策》则是较早记载齐长城的典籍之一。（图二）

《史记·楚世家》说，楚顷襄王十八年，有一个擅长射雁的人被召进了王宫，顷襄王要向他咨询关于射雁的事。这人从射雁的话题说起，渐渐转而射向各国诸侯。射雁人向楚襄王展示了箭射各国诸侯的壮丽图景，箭射齐国的话是这样说的："若王之于弋诚好而不厌，则出宝弓，碆新缴，射嚄鸟于东海。还盖长城以为防，朝射东莒，夕发浿丘，夜加即墨，顾据午道，则长城之东收而太山之北举矣。"这位射雁人说的话很重要：一句"还盖长城以为防"成为注释家目光的焦点；一句"长城之东收而太山之北举矣"，为齐长城的走向提供了重要信息，可以与较早的关于齐长城

① "济清河浊"，《文选》李善注引此作"清济浊河"。"足以为阻"，尹注本作"足以为限"，据王念孙《读书杂志》，"限"字应当是"阻"字之误。"长城钜防"，尹注本即如此，清同治己巳年崇文书局姚氏本作"长城钜坊"，"坊"字通"防"。"故由此观之"，据何建章《战国策注释》，"故"字衍。

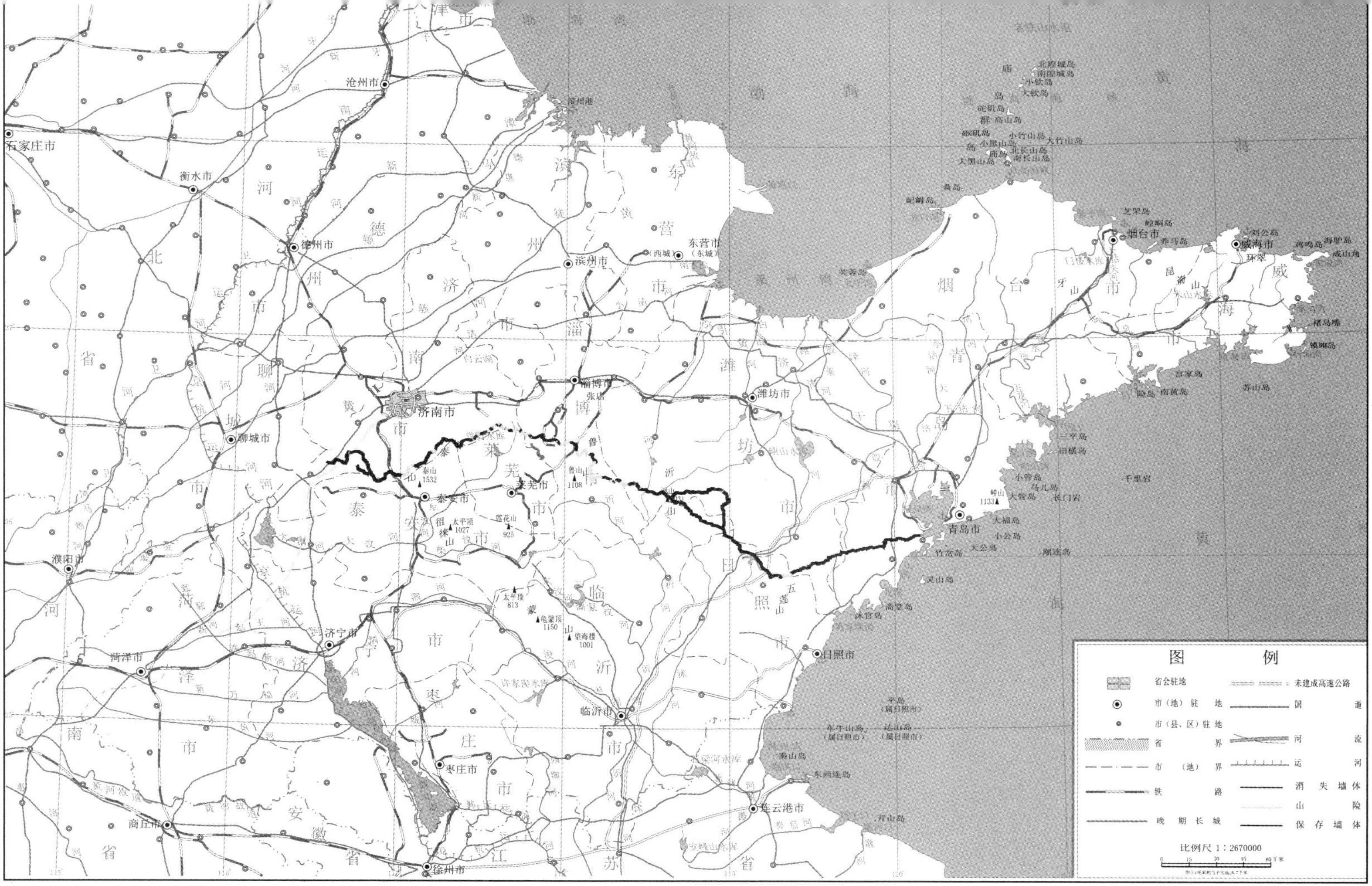

图二　齐长城分布图

方位、走向的典籍互相印证。关于"还盖长城以为防",《史记》三家注皆有话说,分别抄录于下,以利分析:

《集解》引徐广曰:"盖,一作益。益县在乐安,盖县在泰山。济北卢县有长城,东至海也。"注意:裴骃引徐广,而徐广见到过的《史记·楚世家》"还盖长城",有作"还益长城"者,所以主张有一条齐长城,其西端在济水以北的卢县,经乐安的益县东入海。按:乐安,西汉所置县,治所在今之山东博兴,先后或为郡,或为国,又有千乘、乐陵、博昌之名,所辖地包括博兴、乐陵、利津、广饶一带。这一带以及向东延伸的寿光、昌邑一带,都是滨海的盐碱地,过去没有听说这一带发现过长城,徐广的说法又为裴骃特意征引,颇令人不解。莫非徐广知道一段鲜为人知的史迹别传吗?

《索隐》:"噣音昼,谓大鸟之有钩喙者,以比齐也。还音患,谓绕也。盖者,覆也。言射者还绕盖覆,使无飞走之路,因以长城为防也。徐以盖为益县,非也,长城当在济南。"据《旧唐书·地理志》:"卢县,汉旧。隋置济北郡。武德四年改济州,领卢、平阴、长清、东阿、阳谷、范,六县。"司马贞认为,齐长城西端在济北郡("武德四年改济州"),却不是在济水之北,而应当在济水之南("长城当在济南"的"济南",是济水之南,并不是指郡县州府意义上的地名)。"还盖"的"盖"不应当是"益",既与乐安郡的益县无关(益县在乐安),也与泰山郡的盖县无关;"还盖"是说射鸟人布下天罗("盖者覆也")地网("还音患,谓绕也"),被比方成鸟的齐国就无路可走了("使无飞走之路"),然后楚国可以借助齐长城为堵截防线("因以长城为防也"),完成"朝射东莒""夕发浿丘""夜加即墨"的弋射大业。

《正义》引《太山郡记》:"太山西北有长城,缘河径太山千余里,至琅琊台入海。"又引《括地志》:"长城西北起济州平阴县,缘河历太山北冈上,经济州淄川(说详见后文),即西南兖州博城县北,东至密州琅琊台入海。苏代云'齐有长城巨防，足以为塞'也。"①《泰山郡记》和《括地志》的这些话看似平常，却确定了齐长城的起点、终点的认识：起点在泰山西北，终点是泰沂山脉东南方向的琅琊台。

可见，现在通常说齐长城的起点在西、终点在东，是以前人成说为根据的。

《史记·楚世家》《正义》又引《齐记》："齐宣王乘山岭之上筑长城，东至海，西至济州千余里，以备楚。"这句"齐宣王乘山岭之上筑长城"，再加上《战国策·秦策一》张仪所说"长城钜防，足以为塞"，很被齐长城战争防御论者所倚重，齐长城战争防御目的论的主要根据就在于此。但是他们对这两段话都有不同程度的误解，尤其是《齐记》，竟被误解得满地狼藉，进而被曲解得无可奈何。这是个敏感问题，我们将在下一节专门论证。

张守节《正义》广征博引的目的，主要是想证明齐长城的走向，而《括地志》是最重要的依据。《括地志》原书已佚，有后人辑本，旧题濮王李泰撰。李泰是唐太宗第四子，《旧唐书》有传，说他在撰《括地志》时"徙封濮王"，时间在太宗贞观十二年，四年后完稿。②李泰之撰《括地志》，是否需要亲自动手不得而知，但是李泰手下参与写书的二"郎"、二"参军"（著作郎萧德言、秘书郎顾胤，记室参军蒋亚卿、功曹参军谢偃）都十分了得，所以《括地志》还是很有价值的，不可因其涉嫌官长牵头而小觑。

《括地志》记载，"长城西北起济州平阴县，缘河历太山北冈上，经济州淄川，即西南兖州博城县北，东至密州琅琊台入海"。（图三）

据《旧唐书·地理志》，唐高祖武德四年，改隋朝的济北郡为济州，"领卢、平阴、长清、东阿、阳谷、范，六县"，现在我们见到的齐长城西端，在济南市长清区的广里，而广里曾经属平阴县，所以

①今本《史记正义》引《括地志》"苏代"作"蓟代记"。据贺次军《括地志辑校》："蓟"为"苏（蘇）"之讹，"记"字衍。《史记·苏秦列传》云苏代说燕王，即引此语，然则，"蓟代记"当作"苏代"。今从之。

②据《括地志辑校》，贞观十二年（公元638年）为太宗批准，贞观十六年（公元642年）表上。起止为五年，实际撰著时间或为三年。

图三　齐长城遗址长清珠珠山顶墙体

《括地志》说"长城西北起济州平阴县"，是很好理解的。不过接下来《括地志》又说齐长城经过"济州淄川"，就令人不得要领了。

据《隋书·地理志》《旧唐书·地理志》，淄川在隋朝属齐郡，唐朝属淄川，都不曾属济州。《旧唐书》说："武德元年，置淄州，领淄川、长白、莱芜三县。八年，又以废邹州之长山、高苑、蒲三县来属。天宝元年，复为淄川郡。"由此看来，淄州区划范围是向北、向东扩展。《正义》引《括地志》，说齐长城经过"济州淄川"，应当是"淄州淄川"。①

再接下来的"即西南兖州博城县北"的"即"字，有接近义，"经淄州淄川"的一条齐长城，与经"兖州博城县北"的长城，不是一线连贯，而是双线并行，有可能至此会合；所以才用一个"即"字，而且又特意标明"西南"方向。不然的话，齐长城既然已经从西向东到了"淄川"，为什么又要折回转向

①贺次君《括地志缉校》卷三，济州·平阴县："唐淄川县属淄州，非济州属县。"今从之。又释云："齐长城西起济州平阴县，沿泰山之北黄河南岸，经淄州长山，折东南至密州东琅琊台入海。"

"西南"呢？（图四）

　　走黄岛一线的齐长城，为《括地志》所未载，可以补史乘之未备。这是泰山的几位老人在20世纪90年代的发现。如果将来又有人在现在的琅琊台一线找到了齐长城，就能证明《括地志》虽然于黄岛一线的齐长城失载，而其说琅琊台一线齐长城本来不误。如果有人在典籍及方志记载的齐长城的大致走向（沿泰沂山脉走东海）左近，又找到了东西走向、南北并排的齐长城，这就是发现齐长城的复线了，譬如临朐境内有东西走向并列的四条复线，就是由当地的学问人发现的。

　　《括地志》谓齐长城的东端点是"密州琅琊台"，与现在探明的青岛市黄岛区相去颇远。这该怎么解释，也有一定的难度。首先肯定，应当以现在探明的事实为准，但是也不能排除这种可能：齐长城在其最东端是分叉的复线形式，分别插入东海。但是如果我们在现在的琅琊台一带找不到长城的任何踪影，那就得考虑：古人说的琅琊台或者"密州琅琊台"，原本就在黄岛，后来人们认定的"密州琅琊台"并不是古代齐长城入海的琅琊台。

　　《楚世家》《正义》引证《齐记》的那番要紧的话（"齐宣王乘山岭之上筑长城……以备楚"），我们将在下节分析。《集解》引徐广所云"盖，一作益。益县在乐

图四　齐长城遗址长清定头崖墙体

安……济北卢县有长城，东至海也"的是非，笔者会记得在本书另外一个适当的章节里重点讨论。

二 被误解、曲解的《战国策·秦策一》和《齐记》

翻阅这些古代资料，有两个问题需要引起注意：其一，《史记》说的这条齐国的长城，并不以"齐"冠名①，这说明"齐长城"的叫法是后来的。直到明朝末年，临朐人傅国写《昌国艅艎》，说到本土古迹，对穆陵关以东、以西的大岘山齐长城遗迹仍然以"长城"称之。所以我们估计齐长城之被冠名"齐"字，是比较晚近的事。其二，从《史记》三家注来看，大家对齐长城的位置、走向并不甚了然，意见也不能一致。譬如大家都引证过的《括地志》，如果不是《括地志》对齐长城至黄岛的一条线路有所忽略，就是注释家对"琅琊台""密州琅琊台"的位置理解错误。有的甚至与我们理解的齐长城南辕北辙，如徐广提供的信息——有一条齐长城从乐安益县入海的信息，就颇令人生疑。但是我们既不能盲目指责《括地志》的疏忽（《括地志》的记载未必疏忽），也不能断然否认有一条从乐安益县入海的齐长城，我们能够肯定的是：如果这条乐安"长城"确实存在，也并不是通常话题之下的齐长城。总之，旧注对于齐长城的认识颇见分歧，这说明齐长城虽然引起过后世学者几度重视，但是在引起重视之前，已经从主流文化视野中淡出很长时间了。

我们回到《战国策·秦策一》，再回到《齐记》，看一看人们是怎样拿它说事儿的。

《战国策·秦策一》张仪说的"长城钜防，足以为塞"，是与

①《史记》于其他各国的长城，也并不冠以国家名。唐朝张守节作《史记正义》，于《赵世家》"筑长城"注云"赵长城"，但是似乎未曾说过"齐长城"。存以待考。

"济清河浊，足以为阻"相提并论的，是就齐国以黄河、济水为阻，以长城、钜防为塞——黄河、济水、长城、钜防形成进攻齐国的阻塞——这一形势说的。但是张仪并没有说，黄河、济水是为了成为齐国之"阻"而流淌，这是很明确的；相提而论，张仪也没有说，长城、钜防是为了成为齐国之"塞"而建筑，这也是可想而知的。当然，长城、钜防在客观上确实可以视为齐国之"塞"，张仪所说的"塞"确实有战争防御的含义，但是张仪并没有说修建齐长城的原初目的就是为了战争防御；而且更为重要的是，张仪并没有说过齐长城修建的时间。

我们说，张仪并没有说齐国是为了战争防御而修建齐长城，是因为我们从张仪的话里只看到齐长城客观上似乎具有战争防御的作用，但是看不到战争防御的主观目的，因为张仪说"长城"的同时还说了"钜防"。"钜防"（巨防）就是大坝，修建大坝的目的很明确，就是为了规范济水，以防止决口外溢，所以《战国策》用了"塞"这个措辞（《说文》："塞，隔也。"），而在张仪的那番话里，"钜防"起的却是战争防御的作用。这说明，不是出于战争防御目的修建的建筑物也可以被临时借用作战争防御的设施。

这其实是很简单的道理：当日寇用密集的炮火轰炸上海的厂房、办公楼、居民楼的时候，抗日军人也正是利用这些钢筋水泥结构的建筑物抵御日寇的围城进攻，但是上海的桥梁、楼房、厂房原来却不是为了战争防御而建设的。一个旅团的鬼子包围了几十个抗日军人，抗日军人躲进一片坟地，利用坟包和树木为掩体奋力抵抗，日寇的枪弹、迫击炮弹射向这些坟包。这是过去小说、电影里经常出现的情节，即使不看小说和电影，这些情节也完全可以想象得出来，而且其真实性也绝对毋庸怀疑。但是华北某山坡上的坟包和树木却肯定不是战争防御的产物。

水泥结构的建筑物，以及坟包、树木，都不是战争防御的产物，其战争防御意义仅仅是应急性的、临时性的。钜防原是防范河流外溢的堤坝，也不是战争防御的产物，其战争防御意义仅仅是应急性的、临时性的。这些都没有问题，那么为什么单单认准了这个连修建年代都不明不白的齐国"长城"就一定是战争防御的产物呢？我们的逻辑思维是不是太粗糙了？

《战国策》是较早记载了齐长城的典籍，《秦策一》只记载了齐长城战争防御作用（临时防御作用），却没有记载齐长城的修建目的和时间。但是到了《史记·楚世家》《正义》引《齐记》，再加上人们对所引《齐记》的先验性的解读，事态就有了进展，齐长城的修建时间、目的似乎都明确了："齐宣王乘山岭之上筑长城"，建造人有了，时间也有了；"东至海，西至济州千余里"，方位定了；"以备楚"，目的性也确定了。但是《齐记》是从齐长城的中段说到长城的"东至""西至"，好像并不是对齐长城起点、终点的正规陈述，跟正常的工地施工程序也不吻合，这是不是也应当启发人们将习惯性的定向目光稍事转移呢？

有一位楚国人夜里给朋友写书信，吩咐仆人高举烛火，口说"举烛"而误书于简牍。书信到了燕国，阑入书信的"举烛"却成了主题，被赋予了"尚明""举贤而任之"的意义。这个故事出于《韩非子·外储说左上》，可以把它看作寓言，也可以看作微型小说，但是类似"举烛"的事实在中国文化氛围里则是司空见惯的。中国文化现象中鱼龙之变的事例不限于这一则"郢书燕说"，所以韩非子总结道："今世学者多似此类。"从《战国策·秦策一》到《史记·楚世家》之《正义》引《齐记》，会不会也是一则生动的"郢书燕说"故事呢？

专家们往往好拿《战国策·秦策一》张仪关于齐长城的话说事儿，尤其是好拿《楚世家》之《正义》引《齐记》说事儿。对于《战国策》以及《齐记》，我们也是看重的，只是想提醒专家们注意：拿《战国策》《齐记》是说不出齐长城的战争防御目的的"事儿"来的，从这些典籍出发看齐长城，蒙眬看到的战争防御初衷，其实是个虚像。人们可能误读、误解了张仪，更是误读、误解了《齐记》。如果我们正确理解了《战国策·秦策》、尤其是《齐记》的意思，我们对齐宣王修筑齐长城的信息就鼓不起相信的勇气了。

古代对举步攀山、上陵（以及高台）的行为，如果涉及的是泛指的山岭、山丘（以及高台），就说"升"；如果丘陵相对较低，则说"陟"；如果涉及的是定指的山丘（以及高台），则说"登"。但是这些场合却不见用动词"乘"。

针对泛指山岭、山丘的例子，如《周易·同人》卦九三爻辞云："伏戎于莽，升其高陵，三岁不兴。""高陵"是泛指的山岭，曰"升"。《周易·升》卦九三爻辞云："升虚邑。"《说文》："虚，大丘也。昆仑丘谓之昆仑虚。""虚"就是"丘"，而且还是"大丘"，可见"虚邑"就是大丘邑——建于大丘之上的城邑；城邑建在山丘上，所以"升虚邑"的过程也就是爬上山丘的过程。这是针对一般无名的山丘，曰"升"。

丘陵缓坡、驱车打马以上的例子，如《诗经·周南·卷耳》云："陟彼崔嵬，我马虺隤""陟彼高冈，我马玄黄""陟彼砠矣，我马瘏矣"，"崔嵬""高冈""砠"皆驾车所能至，可见并非陡峭难攀之山。《大雅·公刘》云："陟则在巘，复降在原""瞻彼溥原，乃陟南冈，乃觏于京"。"原"就是高地（训诂常云："高平曰原。"），由"陟则在巘"而"复降在原"，由"溥原"而"乃陟南冈"，一"降"一"陟"，宛如前后相随而非费时漫长，说明相对于"原"而言，此"巘"，此"南冈"，皆不高。可见，针对相对高度较低的山丘，曰"陟"。

针对定指山岭、山丘（也就是称呼其名的山岭、山丘）的例子，如《左传·襄公十八年》："齐侯登巫山以望晋师。"《襄公二十三年》："齐侯遂伐晋，取朝歌，为二队，入孟门，登大行。"《论语》："孔子登东山而小鲁，登泰山而小天下。"《楚辞·九章·涉江》："登昆仑兮食玉英。"《楚辞·九歌·河伯》："登昆仑兮四望。"《史记·赵世家》记赵武灵王："北略中山之地……登黄华之上。召楼缓而谋……"又如《左传·僖公二十八年》："晋侯登有莘之虚以观师。""大行（太行）""巫山""东山""泰山""昆仑""黄华"都是称名定指的山，"有莘之虚"是称名定指的大丘，曰"登"。《僖公二十八年》的"登有莘之虚"，正好与《周易·同人》的"升虚邑"形成对比："虚"名"有莘"，曰"登"，"虚邑"之"虚"无名，曰"升"。

于城墙，则不说"升"、不说"陟"，而曰"乘"、曰"登"。曰"乘"、曰"登"，意义又有不同。行为只限于城墙，而不强调哪家城邑，或者干脆与城邑无关，曰"乘"：如《周易·同人》九四爻辞云："乘其墉。弗克攻，吉。"《说文》以"城垣也"释墉字，所以"墉"就是城墙，而无意于追究哪家城邑，所以曰"乘"；再如《诗经·卫风·氓》篇有云："乘彼垝垣，以望复关。"垝垣就是残缺之墙，与城邑无关，所以曰"乘"。

行为虽然针对某个城邑的城墙（外皮），但是意在该城邑（内容），曰"登"；补充说，"登"城墙的行为意在城邑，而忽略城墙。如《左传·隐公十一年》云："颍考叔取郑伯之旗蝥弧以先登。"又云："瑕叔盈又以蝥弧登。"颍考叔和瑕叔盈攻上的是许国的都城，意在攻占城邑，曰"登"。《定公九年》记载齐侯攻打晋国的夷仪，[①]敝无存"先登，求自门出，死于霤下"。敝无存攻上的是晋国的夷仪城，意在攻占城邑，曰"登"。另外，像《哀公十七年》："初，公登城以望，见戎州。"当年卫庄公是在卫国都城望见戎州的，卫庄公上的是都城的城楼，强调城邑，根本无关乎外层的城墙（他不是从外面的城墙爬上城楼的），曰"登"。

那么，齐宣王"乘"的对象是什么？是"山岭"吗？是"山岭之上"吗？不是的，如果是的话，《齐记》应当说"升"，或者说"登"（这"山岭"实指泰山），而不应当说"乘"。所以齐宣王"乘"的不是"山岭"，也不是"山岭之上"。那么齐宣王"乘"的什么？他"乘"的是与城邑无关的城墙——就是"山岭之上筑"的"长城"。这跟《周易·同人》九四爻辞说的"乘其墉"，以及《卫风·氓》篇的"乘彼垝垣"，差不多就是一回事。

《周易》《诗经》是学者熟知的经典，对文人措辞影响很大，所以《齐记》用"乘"字不会置《周易》《诗经》于不顾。以

①《春秋经·僖公元年》记载齐桓公"迁邢于夷仪"，后来夷仪被晋国占有。

"乘其墉""乘彼垝垣"例之，齐宣王"乘"的就不是"山岭"，也不是"山岭之上"，而只能是与任何城邑皆无关的"长城"（"乘……长城"）。

重新梳理一下我们的想法。其一，"山岭""山岭之上"不可以作动词"乘"的宾语；"山岭""山岭之上"可以作"升"的宾语；如果话中说到了山岭之名，也可以作"登"的宾语（如上面引证过的《史记·赵世家》所说赵武灵王"登黄华之上"）。其二，此句齐宣王"乘"的是"长城"，"乘"字的宾语是"长城"；"长城"既然是"乘"的宾语，所以这个句子里的"山岭之上筑"就是"长城"的定语。

那么"山岭之上筑"是什么意思？"上筑"是什么意思？"上"究竟应当作何解释？

看来关键还在于对"上"字的理解。《史记·五帝本纪》太史公曰："学者多称五帝，尚矣。"《索隐》："尚，上也，言久远也。""尚"就是"上"，就是"久远"，自然也就是古老。尚、上皆有古老久远之义，所以后世对最古老的一部历史典籍冠以"尚"名，曰《尚书》，"尚书"就是"上书"，就是上古的、以文字记载的历史。那么"上筑长城"呢？不正好可以理解为上古所筑的长城吗？后世学者习惯了"之上"，却忘记了这个结构助词"之"连接的不仅仅有"上"，还有"上"字后边的"筑"，而且还有"筑"字后边的"长城"，"上"是修饰后边的"筑"的，"上筑"是修饰后边的"长城"的——"上筑"就是上古所筑，"上筑长城"就是上古所筑的长城。

当然，如果承认齐宣王此时"乘"上的是一道现成的齐长城，就得放弃齐宣王此时正在"筑长城"的见解。

我们之所以不承认《齐记》说的齐宣王"乘山岭"，只是因为古人不会说"乘山"或者"乘山岭"这样的话，而与齐长城之是否用于战争防御无关。也就是说，不管齐长城有没有战争防御的意图和作用，齐宣王也不会"乘山岭"，而只会"乘……长城"。

再设想：如果《齐记》就是说齐宣王开始在泰山岭上建筑齐长城，那么，齐宣王应当先从哪端施工，是先从西而向东呢，还是先从东而向西呢？当然，从哪端开始施工皆有可能，甚至从两端同时或者先后修筑也有可能。但是齐宣王最不可能的就是从中间开始而向两端修建长城。而《齐记》分明是说"乘山岭……东至海，西至济州千余里"，齐宣王何必要从中间向两端修筑长城呢？以常理度之，这句话不可能是说齐宣王修筑长城。

放弃齐宣王修筑长城的成见，再看这句"齐宣王乘山岭之上筑长城，东至海，西至济州千余里，以备楚"，就能看到齐国临时应对楚国进犯之意：如果齐国得知楚国将士正在向齐国南部边境急行军，齐宣王就得调兵以应敌。因为事出仓促，临时应急，所以才有军队分赴齐长城沿线各关口（注意：是各关口）增援的情形：齐宣王亲率中军向南奔赴泰山，登上山岭，"乘"上长城。其他将领分别领兵向东直到海边，向西直到济州，分赴长城各处关口以备防——这正是"以备楚"的势头。

这样解释《齐记》所云，就抹平了，就合理了。但是即使抹得平，合乎理，我们也要提醒读者，对《齐记》关于齐宣王"筑长城"云云，"以备楚"云云，只能以民间故事看待，因为无论春秋，还是战国，楚国自始至终并没有全线兵临齐长城的军事冒险，齐国也自始至终没有全军动员扼守齐长城一线的卫国战争。

齐长城当然有战争防御的作用，这是我们承认的；我们只是不承认齐长城是为了战争防御的目的而修建的，我们尤其不承认初建齐长城的那些古人们的战争动机。我们还想提醒读者注意：即使齐长城看似有战争防御的作用，这种作用十有八九是由齐长城脚下的泰沂山脉实现的，是由齐长城一线的各个关口实现的，因为即使没有齐长城，能数算得出来的南方敌国的军队——鲁国的、莒国的、楚国的，还有晚来而早走的吴国的——也不会动念翻越泰沂山脉。相形之下，客军宁可选择齐长城沿线的关口作为攻击目标，也不会打齐长城的主意，就是因为齐长城脚下有泰沂山脉的原因。而且，客军选择为攻击目标的关口，虽然沿齐长城一线，其实却并非齐长城的附件，即使没有齐长城，这些关口也是要有的。

春秋末年（鲁哀公十年，公元前 485 年），吴王夫差想从海上（今黄岛以东）进攻齐国，就是想绕开齐长城脚下的泰沂山脉。而吴王夫差的这次未果的军事行动，也可能会被误解为有意回避齐长城——其实，非也。

总之这句"齐宣王乘山岭之上筑长城"是被人们长期误解了。现在纠正这些误解，就会发现有很多内容是过去没有想到的：其一，这句话总的是说齐宣王登上长城"（乘……长城"）；其二，齐宣王登上的"长城"不在平地，而在山岭（"山岭之……长城"）；其三，《齐记》作者认为，这长城是上古年代修筑的（"上筑长城"），所从来久矣，远矣。而且，还有其四：我们还是把《齐记》的这段说道当作传奇故事看吧，信实了可就上当了。

三　《史记》记载各国修筑长城的情况

战国时期，有些诸侯国先后修筑了长城，这在《史记》里有记载。我们从赵国的长城说起。

《赵世家》记肃侯十七年，"围魏黄，不克。筑长城"。《正义》引刘伯庄云："盖从云中以北至代。"张守节按云："赵长城从蔚州北，西至岚州北，尽赵界。又疑此长城在潭（漳）水之北，赵南界。"筑长城而必载入史册，可见事非末节。当时事关重大，过后踪迹淹没，故所引刘伯庄云"盖"，故张守节犹豫不决曰"又疑"。

《赵世家》记赵武灵王"北略中山之地，至于房子，遂之代，北至无穷，西至河，登黄华之上。召楼缓谋曰：'我先王因世之变，以长南藩之地，属阻漳、滏之险，立长城，又取蔺、郭狼，败林人于荏，而功未遂。今中山在我腹心，北有燕，东有胡，西有林胡、楼烦、秦、韩之边，而无强兵之救，是亡社稷，奈何？夫有高世之名，必有遗俗之累，吾欲胡服。'"赵武灵王说的"先王"，主要是指肃侯，当然也应当包括敬侯，甚至赵襄子，因为他们都曾经想过开拓南方边土的事（"以长南藩之地"）；而谓"属阻漳、滏之险，立长城"，则是确指肃侯十七年的"围魏黄，不克。筑长城"。当时赵国与南边的魏国经常冲突,敬侯八年"拔魏黄城",就是"先王因事之变,以长南藩之地"的举措之一。后来黄城复又被魏夺取,所以肃侯又企图夺回黄城("围魏黄"),未获成功("不克"),这才在漳河、滏水之北连接阻险,修建了这条长城("属阻漳、滏之险,立长城"),等于承认了赵国与魏国以漳水为界。

《正义》"又疑"肃侯所筑长城"在漳水之北,赵南界",是正确的;而引刘伯庄云"盖从云中以北至代"的那条长城,却并非肃侯所筑,而是若干年后赵武灵王"北破林胡、楼烦"之后所筑。《正义》于"围魏黄,不克。筑长城"举棋不定,说明张守节对《史记》记载"筑长城"的体例并不明确(说见后文)。

注意赵肃侯筑长城的措辞——"属阻漳、滏之险","属"就是连接,"阻……险"就是设阻碍于某处险路:赵肃侯是在漳水与滏水之间连接山岭险要修建长城,说明此段赵长城是修筑于高峻险阻的中间平缓之地的。各诸侯国应当都是选择这种在山险之间的平缓之处竖立高墙的办法,而在山险之上是不必垒筑高墙的。

这一点很要紧,因为这就是齐长城区别于各国长城的地方:丘陵平缓之处垒墙自不必说,齐长城的特点是在山岭高处也垒了墙。傅国《昌国艅艎》对穆陵关一带长城古迹是这样描述的:"穆陵东西,一线长脊,宛宛山际,沿沟壑伏,沿崖阜起。""沿沟壑伏"就是沿着沟壑垒墙,这是与列国长城相同的;"沿崖阜起"就是沿着山岭垒墙,这是与列国长城迥然不同之处。沿"沟壑"垒的墙,较之沿"崖阜"垒的墙,前者低后者高,所以前者曰"伏",后者曰"起"。

肃侯既已放弃向南拓边,到赵武灵王时,更鉴于"中山在我腹心,北有燕,东有胡,西有林胡、楼烦、秦、韩之边"的形势,便把经营的重点倾向于北方。于是赵国在破楼烦、林胡之后,又修了一条长城,这就是《史记·匈奴列传》记载的北边长城:"而赵武灵王亦变俗胡服,习骑射,北破林胡、楼烦,筑长城,自代并阴山下,至高阙为塞。而置云中、雁门、代郡。"

可见,赵国先后修筑过两条长城,一条在南边,防御魏国;一条在北边,防御匈奴。而始筑的南长城有确切的年代（肃侯十七年），见诸《赵世家》；后筑的北长城则在《匈奴列传》里交代，具体年载虽然不精确，但是系于赵武灵王，其修筑时间也就大体可知了。

赵国为了防御魏国而筑长城，西邻强秦的魏国也不得不筑长城。《史记·魏世家》记载魏惠王十九年，"诸侯围我襄陵。筑长城，塞固阳"。《正义》引《括地志》："梱阳县，汉旧县也，在银州银城县界。"复按云："魏筑长城，自郑滨洛，北达银州，至胜州固阳县为塞也。固阳有连山，东至黄河，西南至夏、会等州。""筑长城，塞固阳"，说明了魏筑长城的战争防御目的。"自郑滨洛，北达银州，至胜州固阳县为塞"，与《秦本纪》所说"楚、魏与秦接界，魏筑长城，自郑滨洛以北，有上郡"吻合。可以大致想象，这条长城沿着黄河（所谓"西河"）东岸，大致南北走向，是针对秦国的进攻而修筑的。

对山东六国成攻势的秦国也修筑了长城。秦国筑长城见诸《匈奴列传》："秦昭王时，义渠戎王与宣太后乱，有二子。宣太后诈而杀义渠戎王于甘泉，遂起兵伐残义渠。于是秦有陇西、北地、上郡，筑长城以拒胡。"这条秦长城是在秦国灭义渠，奄有陇西、北地、上郡之后修的，目的在防御胡人。记载于《秦本纪》的"魏筑长城，自郑滨洛以北，有上郡"，以及记载于《匈奴列传》的"于是秦有陇西、北地、上郡，筑长城以拒胡"，皆有"筑长城"，且皆与战争有关，魏国与秦国先后"有上郡"，说明上郡的领属权发生过转移。

中山国也筑了长城，而且时间颇早。中山国无《世家》，其筑长城之事附记于《赵世家》，事情从赵成侯五年说起，说赵国："伐齐于鄄。魏败我怀。攻郑，败之，以与韩，韩与我长子。六年，中山筑长城。"中山国原来在赵国之北，代国之南，赵襄子灭代国以后，中山国就处在了赵国中间，所以赵武灵王说，"今中山在我腹心"。中山国的长城或为防御赵国，或为防御代国，但是不可能是为了防御胡人；具体方位也不能确指；能够想见的是，中山国长城不会太长。

燕国也筑长城，时在赵武灵王之后。《匈奴列传》记其事云："其后燕有贤将秦开，为质于胡，胡甚信之。归而袭破走东胡，东胡却千余里……燕亦筑长城，自造阳至襄平。置上谷、渔阳、右北平、辽西、辽东郡，以拒胡。"

秦灭六国后，修筑万里长城，其事见诸《史记·秦始皇本纪》及《匈奴列传》。《秦始皇本纪》记载：秦始皇"三十四年，適治狱吏不直者筑长城，及南越地"。

关于万里长城，《匈奴列传》说得更详细一些："始皇帝使蒙恬将十万之众北击胡，悉收河南地。因河为塞筑四十四县城，临河，徙適戍以充之，而通直道。自九原至云阳，因边山险堑溪谷可缮者治之，起临洮至辽东万余里。又渡河据阳山北假中。"①"因边山险堑溪谷"，是说顺着边塞山岭（"因边山"）的深沟（"险堑"）和山谷（"溪谷"）修筑长城，至于"边山"之上，是不用修筑长城的。这与《赵世家》肃侯十七年连接阻险（"属阻漳、滏之险立长城"）修筑长城一样，却与齐长城的"沿崖阜起"（傅国《昌国艅艎》）的情况大不相同。

《索隐》引苏林注"直道"："去长安八千里，正南北相直道也。""徙適戍以充之，而通直道。"可见"徙適戍以充之"之后或者同时，非常需要有一条从长安到长城的南北"直道"。这里的"直道"，以及《史记·楚世家》射雁人说的"午道"，本书后面的论证还将再次提到。

根据《史记》记载，可以确定各国诸侯修筑长城的先后时间：中山国筑长城，时当赵成侯六年；魏国于惠王十九年筑长城，时当赵成侯二十三年。可知魏长城比中山长城晚十七年。赵国南长城筑于肃侯十七年，肃侯接续成侯，成侯在位二十五年，所以肃侯十七年的赵国南边长城较之中山国长城晚三十六年。据《匈奴列传》，并参以《后汉书·西羌传》（说见下），赵武灵王筑北边长城之后，燕国筑长城，最后是秦昭王筑长城。各国筑长城的先后顺序是：中山国长城，魏国长城，赵（肃侯）南长城，赵武灵王长城，燕昭王长城，秦昭王长城。

以上长城修筑时间之先后既已确定，如果不是要求十分精确，它们各自的修筑年载是可以推论出来的。

赵武灵王在位 27 年，据《史记·六国年表》及《赵世家》，赵武灵王十九年"初胡服"，准备经营北方，为了消除心腹之患（"今中山在我腹心"），从赵武灵王二十年至二十六年，赵国连续攻打中山国，直到"攘地北至燕、代，西至云中、九原"。多次对中山国的进攻，虽然没有灭掉中山国，但使中山国元气大伤，气息奄奄的中山国穷于招架，已经注定是赵国的囊中之物了（在赵武灵王退位称"主父"四年后，也就是赵惠文王四年，赵国与齐国、燕国联合，灭掉了中山国）。赵国没有了后顾之忧，才能集中精力在抵御胡人的前沿修筑一条长城。所以系于赵武灵王时期的这条赵国北边备胡的长城，其修筑时间应该是赵武灵王在位时间的最后阶段，估计是二十六年，当公元前 300 年。

据《史记·匈奴列传》，秦昭王是在残灭义渠后修筑长城的，但是没有具体年载。《后汉书·西羌传》载有秦昭王残灭义渠的年份，云："及昭王立，义渠王朝秦，遂与昭王母宣太后通，生二子。至王赧四十三年，宣太后诱杀义渠王于甘泉宫。因起兵灭之，始置陇西、北地、上郡焉。"综合《匈奴列传》和《西羌传》，可以将秦昭王长城的修筑年载拟定为周赧王四十四年，亦即秦昭王三十六年，当公元前 271 年。

燕国筑长城晚于赵武灵王，具体年载说不准，但是赵武灵王筑长城，燕国如果不筑长城，华夏北方的东部边境线就会突出燕国这个缺口了。这个缺口对于北方的匈奴人来说，无疑是个不小的诱惑，而边境压力突然集中的形势就会促使燕国下决心筑长城。所以燕国长城的修筑时间可能在赵武灵王修筑北边长城后两三年的时间之内，估计在公元前 298 年前后，应当也差不多。

兹将战国时期各诸侯国筑长城的大致年代，以先后顺序开列如下：

（1）中山长城，修筑于赵成侯六年，即公元前369年。（据《史记·赵世家》）

（2）魏长城，修筑于魏惠文王十九年，即公元前352年。（据《史记·魏世家》）

（3）赵南边长城，修筑于赵惠侯十七年，即公元前333年。（据《史记·赵世家》）

（4）赵北边长城，修筑于赵武灵王时，大致在赵武灵王二十六年，即公元前300年。（据《史记·匈奴列传》）

（5）燕长城，修筑于燕昭王十四年前后，即公元前298年前后。（据《史记·匈奴列传》）

（6）秦长城，修筑于秦昭王三十六年，当公元前271年。（据《史记·匈奴列传》，并参以《后汉书·西羌传》）

四 《史记》记载各国长城的章法

《史记》记载各国筑长城，看似杂乱错出，实际上却很有章法，只是这章法没有引起人们足够的重视而已（譬如撰《史记正义》的张守节就不知道有这章法）。将各国修筑长城的情况仔细核对过后，就可以发现，司马迁的章法十分巧妙，十分清楚：其一，凡不是为了"备胡"而修筑的长城，其事记于各自的《世家》，如魏长城记于《魏世家》，赵肃侯南边长城记于《赵世家》，中山国无世家，其长城则寄托于《赵世家》；而凡是为了"备胡"而修筑的长城，其事皆记于《匈奴列传》，先后有秦（昭王）长城，赵（武灵王）北边长城，燕长城。其二，凡于《世家》说的不为"备胡"而修筑的长城，都有明确的某王某年；而凡于《匈奴列传》说的为了"备胡"而修筑的长城，都只有某王，而没有确切的某年。最能说明问题的是先后修筑于赵肃侯和赵武灵王时候的两条赵长城：赵肃侯修筑的用以防御魏国的南边长城，记于《赵世家》，有具体的年载；赵武灵王修筑的以"备胡"为目的的北边长城，则记载于《匈奴列传》，系于赵武灵王而没有具体年载。很明显，这就是规律，这就是体例，反映司马迁对于两种防御对象不同的长城采用了不同的记载方法。

　　说到中国的史书，人们首先想到的就是孔子写的《春秋》，还能想到前此以往的《尚书》，晚出的还有《国语》《战国策》。司马迁作《史记》就是从以上史书取材，而对司马迁文笔影响最大的则是《春秋》。《春秋》已经是很成熟的编年体史书了，它的特点就在于一整套章法，用现在的话说，就是一整套体例，它主要表现为一些专门的记事方法，也包括一些特殊的专项措辞。譬如《春秋》对吴、越、楚国的国君，记其卒而不记其葬，因为这三个国家的国君皆自称王，如果记其葬，就得按照他们本国史官拟稿的讣告记载"葬某王"，就等于承认他们的僭越行为合礼合法。再譬如鲁僖公二十八年发生了这么一件事：晋文公召集鲁、宋、蔡、郑、陈、莒、邾等国的国君在温会盟（与会者还有秦国，只以大夫出席），同时又邀请周襄王到场，周襄王不得已而屈驾温河北岸。《春秋》记载了这件事，却说："天子狩于河阳。"而将这句"天子狩于河阳"系之于"冬，公会晋侯、蔡侯、郑伯、陈子、莒子、邾子、秦人于温"之后，晋文公招呼天子的话就不提了，这样写的目的是"为天子讳"（《谷梁传》）。这都是专门的记事方法。至于措辞，譬如君臣之间相残杀，君对臣就说"杀"，臣对君就说"弑"，对别国的国君就说"戕"，等等。这些专门的记事方法和特殊措辞，就形成了所谓"春秋笔法"。"春秋笔法"多数是暗含褒贬的，孔子就是用这些暗含褒贬的"微言"，寄托了当时人们的正义理想，表达了当时人们的正义立场——这就是古人所说的"大义"。

　　《春秋》对后世影响很大，尤其是西汉，武帝时将《春秋》列入"五经"，《公羊传》《谷梁传》皆列于学官，《春秋》自然备受青睐。在这种情况下，希望通过修史书而"通天人之际，成一家之言"的司马迁当然就会热衷于《春秋》，尤其是热衷于以专门的记事方法体现的《春秋》体例。于是在《史记》里就有了我们在前面分析过的、记载各国修筑长城的记事方法。司马迁就是这样记载不同目的、不同用途的各国长城的。

五 对《史记》长城记载体例的几点补充说明

我们注意到这样一个现象：司马迁以及前后的史乘对于各国长城，一概以"长城"称之，皆不冠以国名。所以"齐长城"的说法是后起的。下面说到的各国长城，为了方便区别而皆冠以国名，其实齐长城，以及列国长城，在史乘档案里原本都是以"长城"登记的。

1. 关于秦始皇长城

秦灭六国后修筑万里长城，此事在《秦始皇本纪》《六国年表》以及《匈奴列传》里都有记载。《本纪》说：秦始皇"三十四年，适治狱吏不直者筑长城，及南越地。"《六国年表》说："适治狱不直者筑长城。"《匈奴列传》记其事颇详："后秦灭六国，而始皇帝使蒙恬将十万之众北击胡，悉收河南地。因河为塞，筑四十四县城，临河，徙适戍以充之，而通直道。自九原至云阳，因边山险堑溪谷可缮者治之，起临洮至辽东万余里。又渡河据阳山北假中。"

与赵国类似，秦国也先后修筑了两条长城：秦昭王长城与秦始皇长城。秦昭王长城是"备胡"的，所以记载在《匈奴列传》里，系之于昭王而无具体年载（我们推断其年代为公元前305~前301年），合于我们总结的《史记》体例。秦始皇长城也是"备胡"的，记载于《匈奴列传》，系之于始皇而未说具体年载，也合于我们所总结的《史记》记长城体例。但是这条长城又见于《秦始皇本纪》而系之秦始皇三十四年，这就似乎与我们所说的体例相违背了（一般备胡的长城只见于《匈奴列传》，而不再见于《世家》）。这是怎么回事？其实原因很简单：因为《秦始皇本纪》不是《赵世家》《魏世家》之类所能比拟；《秦始皇本纪》也不是《秦本纪》所能比拟，秦始皇之前是以周天子纪年，不是以《秦本纪》纪年（在这层意义上，《秦本纪》其实就是"秦世家"）。对于大一统的秦帝国来说，凡大事皆需要纪年，所以类似修筑长城这类国家大事当然要记载于《秦始皇本纪》。这就是"备胡"的秦长城，也就是名声显赫的万里长城，其建筑始末既见于《匈奴列传》，又见于《秦始皇本纪》的原因。

尚需强调一点：同样是秦始皇长城，记于《匈奴列传》者不纪年，这与记于《匈奴列传》的赵国北长城是一样的；记于《秦始皇本纪》者纪年，这与记于《赵世家》的赵国南长城以及记于《魏世家》的"塞固阳"长城，也是一样的。

2. 关于"韩长城""郑长城"

《史记·韩世家》没有说过韩长城，我们不妨暂时放下《史记》，看看别的史书、史料是怎么说韩长城的。

《后汉书·郡国志》记载："河南尹二十一城……卷有长城，经阳武到密。"刘昭注引《史记·苏秦列传》苏秦说魏襄王："大王之地……西有长城之界。"王先谦《集解》引惠栋："郦元案《竹书纪年》：梁惠成王五十二年，龙贾率师筑长城于西边。自亥谷以南，郑所城矣。《竹书》云是梁惠成王十五年筑也。"刘昭、王先谦都认为河南所辖之卷长城为魏长城，而顾炎武《日知录》"长城"条则认为这是韩长城，不是梁惠成王时龙贾率师所筑的魏长城。

今按：这条长城从卷、阳武沿着济水东西走向，然后南折，经过郑（今新郑）之东到密（今密县）。沿济水走向的一段起到了界分魏、韩两国的作用，必定是魏国、韩国所建筑；而究竟是魏国还是韩国，就不容易断定了。所以刘昭以为魏国，顾炎武以为韩国，都有道理，却都没有证据。关于这条长城的修建，《史记》没有记载，原因可能也在这里。

至于这段长城南折以后，也就是《竹书纪年》说的"自亥谷以南"，向南折经过郑（今新郑）东到密（今密县）的一段长城，则另有说道。《竹书纪年》说这段长城"郑所城矣"，并不可信：当春秋时期，郑国固然经常遭受楚国和晋国的进攻，但是夹在两个大国之间的郑国对楚国、晋国都不敢得罪。所以郑国是不可能在与晋国的边界上修筑这么一条只会激怒晋国的长城的。

3．关于"楚长城"

《史记·楚世家》也没有说过楚长城。

《左传·僖公四年》屈完谓齐桓公："楚国方城以为城，汉水以为池，虽众，无所用之。"杜预注："方城山在南阳叶县南，以言竟土之远；汉水出武都，至江夏南入江，言其险固以当城池。"《史记·齐太公世家》说到"楚方城"，《索隐》引《汉书·地理志》："叶县南有长城，号曰方城。"《后汉书·郡国志》："南阳郡三十七城……叶有长山曰方城。"王先谦认为"长山"当作"长城"——"叶有长城曰方城"，等于说楚国的长城是以"方城"为名的。王先谦的根据大概就是《汉书·地理志》。前贤对"方城"的认识不一致：杜预认为是山，王先谦则认为是长城，因为《汉书·地理志》《后汉书·郡国志》就是这么说的。

分歧是从屈完的一番话引起来的，我们还是回到屈完。屈完的话有一个潜在的前提：他把楚国比作一个城邑，这个城邑既有城墙（城），又有护城河（池）。不过楚国这个"城邑"很特殊，屈完的意思是：楚国是把"方城"当作城墙，把"汉水"当作护城河的。屈完的话以"方城""汉水"对比，而在此前提下又以"城"与"池"对比，汉水当然不是人工开掘的护城河，那么相比之下，"方城"自然也不会是人工修筑的城墙了。即使是城墙，也只能是城池意义上的城墙，却绝不可能是长城意义上的城墙。

而且屈完是负有使命的，楚国不希望激怒齐国，所以他的话题可以很自然地涉及楚国的山水，涉及楚国的自然地理；但是长城的话题则很不适宜，因为常规思路的"长城"就是比一般城墙长得多的城墙，城墙当然是服务于战争的。所以从屈完的话里是看不到"方城"就是楚长城的信息的。至于楚国的方城山上现在有没有城墙（原先就有的，或者后来修筑的），则是另一回事，与屈完的话无关，与《左传》也无关。

如果本来就有一条"楚长城"，应当在《史记·楚世家》有记载，而《史记·楚世家》从来没有提起过这条"楚长城"，一条春秋时期而早于管仲的"楚长城"，其真实性十分可疑，所以也就没有进入司马迁的眼界。

六　《史记》对齐长城的特殊处理

清理好周边关系之后，我们再回到齐长城话题，从《史记》记载各国长城的体例说起。

我们总结过司马迁记载修建长城的体例，就是：凡是用于"备胡"的记于《匈奴列传》，只系于某王而不记其年；凡是不用于"备胡"而用于防御中原邻国的，则记于各国《世家》，记其王亦记其年。现在我们就根据《史记》体例进行推论，这些推论没有难度，只需要一点点逻辑思维能力就行。

我们知道，齐长城界分齐、鲁故国，南北都没有匈奴踪迹。所以齐长城不是为"备胡"而修筑的。

既然齐长城不是"备胡"的产物，所以关于齐长城的修筑，不应当记载于《匈奴列传》。

进而可以推论：如果齐长城修建于春秋时期，就记载于《齐太公世家》，如果齐长城修建于战国时期，就记载于《田敬仲完世家》。

但是当我们翻卷过《匈奴列传》，以及《齐太公世家》和《田敬仲完世家》，遗憾的是，不仅《匈奴列传》，两处《世家》也皆只字未提齐长城。也就是说，《史记》没有记载齐长城的建造。

我们的推论只好临时止步。

同样是《史记》失载，但是这道齐长城，与顾炎武所谓的"韩长城"，以及楚国的"方城"，给人们的感觉很不一样。

"韩长城"与"楚长城"干脆不见踪影。《史记》没有记载过韩国的长城（如果记载的话，应当在《韩世家》），可能是因为司马迁对后人记之于《后汉书·郡国志》的这条河南尹之卷"经阳武到密"的长城有所忽略。《史记》也没有记载楚国的长城（如果有记载的话，应当在《楚世家》），则可能是司马迁认为方城仅仅是山形，而不是真的长城。

《史记》没有记载齐长城的修建时间，以及修建目的，而这道齐国长城本身，《史记》倒是屡屡提起。我们大概还记得前面引证过的《楚世家》，还记得那个擅长用"弱弓微缴"射雁的楚国人吧，他就对顷襄王说过"还盖长城以为防"，还说过"长城之东收而太山之北举矣"。还有《苏秦列传》燕王问苏代的话："吾闻齐有清济浊河，可以为固，长城钜防，足以为塞，诚有之乎？"这番话与《战国策·秦策一》张仪说秦惠王的那番话（"济清河浊""长城钜防"云云，已见前引）相似乃尔，大概"清济浊河"（或"济清河浊"）、"长城钜防"云云在当时人人皆知，已经近乎成语了。尚有《赵世家》的成侯七年"侵齐，至长城"。《六国年表》对赵国侵齐长城的事，于赵国、于齐国，都有记载：赵国是"侵齐至长城"，齐国则是"赵侵我长城"。《田敬仲完世家》又有威王某年"赵人归我长城"的记载。

《楚世家》《赵世家》《田敬仲完世家》以及《苏秦列传》，都有齐国的长城伸眉露脸，证明司马迁对这条齐国南边、后来是境内的长城是关注过的；而司马迁对这条长城的修建时间和目的皆一字未提。

可以继续我们的推论了。面临《史记》对于齐长城建造年代失载这种情况，我们的推论将走向何方？我们还有两种可能——而且仔细考虑，我们没有第三种可选方向了：第一种可能，司马迁可能对于齐长城的修建年代有所不知。但是如果只是对修建年代有所不知，司马迁应当有所声明，就像对于齐地的"八神"，司马迁在《封禅书》就作了如下声明："八神，将自古而有之，或曰太公以来作之。齐所以为齐，以天齐也。其祀绝，莫知起时。"而司马迁对齐长城并没有做出任何声明，这说明司马迁并非只是对齐长城修建年代有所不知。

我们就只有一种选择了：《史记》对于各国长城，或记载其具体修建年代，或只是记载哪王修建，而不管是防御中原敌国，还是防御匈奴（备胡），总之都是战争防御。有一点是非常重要的：司马迁记载的长城都是战争防御的产物。这就意味着，如果齐长城的修建不是出于战争防御的目的，司马迁是不会将一道无关紧要的长墙载诸史册的。进而可以推论：司马迁知道齐长城不是战争的产物。

这就是结论：因为司马迁知道齐长城既不是为了战争防御的目的而修建的，而且事实上也没有起到过战争防御的作用，所以没有将修筑齐长城之事记载于《史记》。这结论是出乎意料的，但是这结论是可能的，而且是唯一可能。

一道不知其修筑年代而且并非用于战争防御的长城，以常规思路来看，毕竟也是不可思议的。所以我们的论证还得暂时回到战争，姑且假设齐长城是战争防御的产物，继续以战争防御的眼光来审视齐长城。

按照"常规"的战争防御思路——这个思路是顾炎武提出来的——春秋时期不可能修筑长城，因为那时候的战争是车战，而车战时期防守容易进攻难，所以用不着修筑长城。顾炎武在其《日知录》"长城"条下说："春秋之世田有封洫，故随地可以设关，而阡陌之间一纵二横，亦非戎车之利也。观国佐之言，则可知矣。至于战国，井田始废，而车变为骑，于是寇钞易而防守难，不得已而有长城之筑。"

顾炎武所说"观国佐之言，则可知矣"，事出《左传·成公二年》。这年春天，晋国以救鲁国、卫国为名，在鞌这个地方打败齐国。齐国派宾媚人求和，晋国提出多项要求，其中一项是"齐之封内尽东其亩"。宾媚人拒绝"尽东其亩"的理由是："唯吾子戎车是利"——晋国谈判将领的目的，是沿着东西方向的田垄进攻齐国腹地。这个代表齐国谈判的"宾媚人"就是国佐。晋国这样要求，齐国这样拒绝，就是春秋时期野战重用战车的最好证明。同时，顾炎武认为，晋国、齐国对于"齐之封内尽东其亩"的纠结，还能铺垫以后战国时期"不得已而有长城之筑"的前景。

顾炎武认为，春秋时期用车战，田间阡陌不利于战车进退变向，防守易而进攻难，所以守御方不必修筑出于防御目的的长城；战国时期用马战，田间阡陌不影响战马驰骋，防守难而进攻易，所以用以战争防御的长城应运而生了。顾炎武还认为，魏、赵、中山、燕、秦诸国的长城就是在这种形势下建筑的，齐长城也是在这种形势下建筑的。

顾炎武的思路貌似合理，其实不对，因为他似乎忽略了两个重要事实：

其一，如果一定要以分界线视之，齐长城界分的也是春秋时期的齐、鲁，而不是战国时期的齐、鲁。如果战国时期齐国要修一条用于战争防御的长城，是不会选在泰沂山脉一线的。

而在战国时期修筑一条春秋时期的齐长城，是不可思议的。这就如同是在先秦的青铜簋上出现了麻将、叶子牌，不必专家也可以断定这件青铜簋必是赝品。但是齐长城虽然粗糙，却不是赝品。那么谁错了？谁的思路制造出赝品来了？

其二，作为战争防御的长城，一定是选择建立在容易受到攻击的地域。而通观春秋战国的齐国战事，两次遭到晋国的深度入侵，是从齐国西南入手；一次遭到秦始皇的毁灭打击，是从齐国的西北奏刃，都与齐长城无关。如果齐长城是为了战争防御而修建，它就应当处在齐国西部边境呈南北走向，而不应当处在齐国的南边呈东西走向。

进而问：这道齐国南边长城是谁用来防御谁的？如果说它是鲁国用来防御齐国的，从军事角度看，比较合理，但是可惜这道长城不是鲁国的，而是齐国的。如果说它是齐国用来防御鲁国的，而齐国强大、鲁国弱小（还有鲁国东边的莒国，更加弱小），这是自春秋以来的定势，而且向后的发展每况愈下，鲁国、莒国只有挨打的份，齐国人破财费力地在其南边修建这道东西走向的长城，应该做何解释？

至于"春秋之世田有封洫，故随地可以设关，而阡陌之间一纵二横，亦非戎车之利也"，"田有封洫"是"随地可以设关"的原因吗？而且"随地可以设关"，这"关"与长城有什么关系？春秋时期"阡陌之间一纵二横"，战国时期这种"阡陌"格局改变了吗？总之，这一套是春秋时期不设长城的原因吗？"至于战国，井田始废，而车变为骑，于是寇钞易而防守难"，这又与长城有何牵连？我们看不出如此这般——井田制废弃了，军人们骑马不乘车了——就"不得已而有长城之筑"了，哪家逻辑学教科书会教人这样推理？顾炎武主张的所谓车战、马战之变导致长城无中生有的认识，其实是一场很肤浅的文字游戏——即使是作《天下郡国利病书》的学者也会一时犯糊涂的。

按照顾炎武的说法，齐长城不只是犯了生不逢时的错误，而且还犯了方向性错误。笔者说以上这番话，是临文不得不实事求是，顾炎武是伟大的学者，笔者小识小见，也只是吹毛而求其一点小瑕疵而已。惭愧。

也可以这样设想（有朋友建议笔者这样考虑）：齐长城不是出于战争的目的，它不是战争的产物，并无国防目的，譬如说，它只是一条国界线，可以吗？也不行。因为随之而来的问题是：为什么单单齐国需要建筑一条"长城"作为国界线，而别的诸侯国都不需要呢？

司马迁没有记载这条齐长城的建造时间，他在《齐太公世家》和《田敬仲完世家》里没有像其他《世家》里那样写道："某公（王）某年，筑长城。"但是司马迁在其他地方则屡屡提到齐长城，以表示实有其物。这些示意综合起来，大概可以表示这样一个主题：齐长城与列国长城不同，它不是战争的产物。

我们应该感谢司马迁，如果不是他用了特殊的"史记笔法"处理齐长城，我们将沿着一条集体无意识的惯性"思路"一直纠缠不休到不知哪一个世纪末。这位生活在两千年前的史臣不得不周旋于暴君、佞臣之间，其遭遇十分不幸，但是他的头脑、思路是健全的，但愿我们都不要被他的在天之灵嘲笑。我们宁可接受司马迁两千年前给我们的点化，千万不要小觑了他对诸侯各国长城的描述，尤其是对齐长城独具匠心的处理。

七　齐长城不可能修建于战国时期

1. 司马迁眼中的两段说辞

我们从《战国策》《史记·楚世家》看到两段近乎寓言故事的说辞。先看《战国策·东周策》的一段：

秦兴师临周而求九鼎，周君患之，以告颜率。颜率曰："大王勿忧，臣请东借救于齐。"颜率至齐，谓齐王曰："夫秦之为无道也，欲兴兵临周而求九鼎。周之君臣，内自画计：与秦，不若归之大国。夫存危国，美名也；得九鼎，厚实也。愿大王图之。"齐王大悦，发师五万人，使陈臣思将以救周，而秦兵罢。

齐将求九鼎，周君又患之。颜率曰："大王勿忧，臣请东解之。"颜率至齐，谓齐王曰："周赖大国之义，得君臣父子相保也，愿献九鼎。不识大国何途之从而致之齐？"齐王曰："寡人将寄径于梁。"颜率曰："不可。夫梁之君臣欲得九鼎，谋之晖台之下、少海之上，其日久矣。鼎入梁，必不出。"齐王曰："寡人将寄径于楚。"对曰："不可。楚之君臣欲得九鼎，谋之于叶庭之中，其日久矣。若入楚，鼎必不出。"王曰："寡人终何途之从而致之齐？"颜率曰："弊邑固窃为大王患之。夫鼎者，非效醯壶酱瓬耳，可怀挟提携以至齐者；非效鸟集乌飞，兔兴马逝，漓然止于齐者。昔周之伐殷，得九鼎，凡一鼎而九万人挽之，九九八十一万人，士卒师徒，器械被具，所以备者称此。今大王纵有其人，何塗之从而出？臣窃为大王私忧之。"齐王曰："子之数来者，犹无与耳。"颜率曰："不敢欺大国，疾定所从出，弊邑迁鼎以待命。"齐王乃止。①

这段引证冗长而离题，真是无可奈何。而且涉及此策的优劣褒贬之辞，有的也很无趣。姚宏续注本（据刘向本）列此策于卷一首章，可谓"战国第一策"。鲍彪注引洪迈："原策首载此，以为奇谋，此特儿童之见尔。疑必无是事而好事者饰之。"吴师道校曰："左氏尝载楚子问鼎事，当时争欲得鼎以见其强，不可以为无。"《左传》固然有楚子问周鼎轻重之事，但是楚子问鼎之事并

① "内自画计"尹注本作"内自尽计"。"尽"，《太平御览》引作"画"。姚宏校云："一作画"。"画计"是也，今从之。"得九鼎，厚实也"尹注本作"得九鼎，厚宝也"。据黄丕烈《战国策札记》，"厚宝也"作"厚实也"。今从之。

不是此策必有的证据；而且楚子问鼎之事，洪迈等人岂有不知之理。吴氏说并不能令人信服。

我们向读者介绍这段说辞的目的，是为了传递另外一个信息：司马迁并没有将这段说辞记入《史记·周本纪》。也就是说，司马迁并不认可颜率的说辞，更重要的是，司马迁并不认为这是真人、真事。甚至，司马迁可能根本就不相信有这套据说由夏禹所铸、而后来只闻言辞不见踪影的"九鼎"。

再看《史记·楚世家》的一段——就是那个射雁人对顷襄王畅想的箭射诸侯各国的美妙前景的那段——与我们的论述有关的是命中齐国要害的那几支箭：

"若王之弋诚好而不厌，则出宝弓，䂮新缴，射嚯鸟于东海。还盖长城以为防，朝射东莒，夕发浿丘，夜加即墨，顾据午道，则长城之东收而太山之北举矣。"（已见前引）

记载于《楚世家》的这件事与《战国策》极其相似，很有可能就是出于战国策士的笔端。司马迁当时还能看到这篇散见单行的"国策"，待到刘向辑录成书的时候，此篇漏载。

"还盖长城以为防"，谁"还盖长城"？谁又"以为防"呢？"防"谁呢？这明白地告诉人们（先告诉的是楚顷襄王）：若以战争论，这条将齐国南北分隔开来的长城（这时的齐国边界早已经越过齐长城向南推进不知几多路程了）堵塞了齐国人的南北呼应，正好束缚齐国人的手脚。而只要堵住齐长城上的所有关口，就可以塞住齐国贯穿长城南北的所有通衢，齐国就成了无脚巨蟹。

南北走向的山谷叫"子午谷"，南北道路叫"子午道"，简称就是"午道"。射雁人说的"顾据午道"，就是说的堵塞齐长城一线所有关口，进而控制贯通关口的几条南北走向的大道（古人也叫作"直道"，见上文引《秦始皇本纪》《索隐》引苏林注）。司马迁借射雁人之口说的其实就是这样一句话：占据他们的长城关口、直道，使他们南北、东西不能相顾，然后各个击破！

关键是这段极像是寓言故事的文字被司马迁采用了，司马迁并没有将这段文字当作寓言故事看待。还记得韩国是怎么灭亡的吗？若干年后，秦国人就是先把韩国隔断，使之南北不得呼应，从而将韩国一块块撕裂鳄吞的。射雁人灭齐的战略思想之正确性竟然被后来秦国灭韩的军事实践完全证实。这也许就是这段说辞被司马迁采用的原因：战国术士游说诸侯，固然不免有渲染氛围、编造故事的成分，但是如果术士游说全凭谎言，怎么可能屡屡取信于诸侯？这位射雁人的游说辞表现出高瞻远瞩的战略眼光，所以司马迁认为这个情节是真实可信的。

司马迁的取舍表明了他的判断能力，对待两段说辞的不同态度，说明司马迁对史料真伪的判断是准确的。

有的可疑资料，即使被《史记》采用，司马迁也会通过不同的方式表达出他的怀疑。譬如《苏秦列传》，司马迁让燕王拿张仪的话问苏代："吾闻齐有清济浊河可以为固，长城钜防足以为塞。诚有之乎？"燕王的怀疑不在于"清济浊河""长城钜防"的有无，而在于它们的实际作用："诚有之乎"——真有这么大的"为固""为塞"作用吗？燕王的这一疑问代表了当时许多人的困惑，也可能寄托了司马迁的质疑。

我们是否相信射雁人的比喻，其实并不重要；同样，我们是否相信张仪的说辞，也并不重要。关键是司马迁相信了那篇即兴演说的"射雁赋"，而对张仪的高论却并没有正面采纳。

2. 建造之前即被"侵"过的齐长城

司马迁没有把张仪的这句名言记于《张仪列传》，而是在《苏秦列传》里由燕王以质疑的口吻道出，而且又在《楚世家》里借射雁人之口，表达了对齐长城战争防御作用的蔑视。可见司马迁对张仪的"长城钜防足以为塞"，也就是对齐长城的战争防御目的以及实际作用，是深表怀疑的。

《战国策》的部分内容是不可靠的，不能全部引以为信史资料，《东周策》之开篇第一策就是典型不可信的一例。另外，《秦策一》的有些话埋下了歧义理解的种子，而从《秦策一》引申而有所发挥的"史料"就更不可信了。

我们看到过专家们以自己曲解了的《齐记》为根据，演绎齐宣王筑长城的故事。

如果翻阅《竹书纪年》，会看到一节与《齐记》差池其羽的记载：梁惠王二十年，"齐闵王筑防以为长城"。就连张仪也没有说过的齐长城的修筑时间、目的，都有了。

据《史记》的《赵世家》《魏世家》《匈奴列传》，各诸侯国筑长城以中山国最早，《赵世家》记"中山筑长城"在赵成侯六年，而《赵世家》又说在赵成侯七年"侵齐，至长城"，时当齐威王十一年。赵国不至于在齐国刚刚开始筑长城就"侵齐至长城"，因此可以估计齐国筑长城应当早于齐威王十一年，也就是说早于中山国筑长城。田姓齐国自太公田和始，传齐威王因齐，再传齐宣王辟疆，又传齐湣王地。姑不论齐长城、中山长城孰早孰晚，只凭《赵世家》所记成侯七年，也就是齐威王十一年，"侵齐，至长城"，赵国这次"侵齐"也在齐宣王之前，更在齐湣王之前。《齐记》《竹书纪年》被后世学者认为是齐宣王、齐湣王始筑长城的根据，那么齐宣王、齐湣王始筑长城之前，齐威王时候被"侵"过的齐长城岂不是子虚乌有？

其实《齐记》《竹书纪年》并非一无是处，后世齐湣王始建、而前世齐威王即被侵略的齐长城当然也不是子虚乌有，问题在于人们对《齐记》《竹书纪年》的曲解和胶柱鼓瑟的引用。人们忽略了古人遣词造句的习惯：以上《齐记》《竹书纪年》等典籍凡是事关齐长城的所谓"筑"（还必须是未被曲解的），充其量也不过是修理补缀而已；如果认准了"筑"就是初建，那就大谬而不然了。如果是强调初建，古人应当说"作"，或者"初作""始作"，而不可能说"筑"。——现在的长城专家完全可以如此这般理解"筑"，但是他们不能迫使古人改口，所以对于初建，古人依然故我地说"作"而不是"筑"。

可见，齐长城不可能修建于战国时期。

还需要知道，这个被赵国一度"侵"过、后来又归还的"长城"，并不是说的整道、整段齐长城，而只是齐长城的最西端、距离"钜防"不远的一段城墙，借这段城墙修建的城邑，就特称"长城"，如此而已。《史记正义》引《太山郡记》说的"太山西北有长城"，就是说的这个城邑名称的"长城"；下文说"缘河径太山千余里，至琅琊台入海"，则是说的整个齐长城。《括地志》说"长城西北起济州平阴"，作为城邑名字的特指"长城"，在齐长城起点以东不远的地方。这个地名"长城"就在现在济南长清区的广里附近，在唐朝属平阴县。"平阴"之名春秋时期即有之，《左传·襄公十八年》说过平阴，也说过广里："齐侯御诸平阴，堑防门而守之广里。"（图五）

图五　齐长城遗址长清广里起点

第二章

春秋、战国时期的战争

　　一个时代有一个时代的战争，不同时代的战争因为有不同的形式，而表现出不同的特点。从另一端反观，则是不同的战争形式和特点反映不同的时代，而且秋毫不爽。我们不会忘记本书的主题，但是齐长城既然涉嫌战争，当时的战争也就自然进入了我们的视野。将齐长城置身于那个时代，置身于那个时代的战争，齐长城的身份就可能了然明白。结论不外乎两个：如果当时的战争认可、接纳了齐长城，修筑齐长城的战争目的就得以证明；而如果齐长城与当时的战争格格不入，或者了无关涉，"齐长城"这个辞藻就不能收入有关战争的类书。为此，我们将翻阅历史典籍，对春秋时期、战国时期的战争，进行一番考察。

　　春秋时期的战争有很多看点，情节或紧张，或舒缓，却皆无容后世更改增减；兼以出场人物或情怀高尚，或固守礼节，或别样脱俗，皆令今人心向往之。所以，笔者几经遴选，而不忍割爱。事务繁忙、不欲流连旁顾的读者，可以从春秋时期的那几页战事中挑选一二战例，其余的略过也无妨。读过就知道了。

一　春秋时期的战争

　　春秋时期，诸侯力政，五霸迭起，战争频仍。将当时的战争一言以蔽之，就是"春秋无义战"。这是圣人对春秋时期战争的评价，是结论性的，是正确的。但是如果我们从"无义战"想象当时的战争一定多么残酷，那就会多少有点上当。所谓的"春秋无义战"与战争的残酷与否几乎毫无关系，它其实是指战争不由周天子做主说的，就是所谓"天下有道，征伐自天子出；天下无道，征伐自诸侯出"。那时候诸侯国之间的战争不待天子批准：有的事先跟天子打个招呼，但是天子只有批准的义务；有的事先并不跟天子打招呼，却又在事后向天子"献俘"，其实是天子被迫接受"献俘"；有的事前事后都不跟天子报告，天子也无力过问。

我们知道春秋时期之前的战争，譬如周武王伐纣，《尚书》的话是"流血漂杵"，其中当然有夸张的成分，但是一场导致改朝换代的战争，牵扯到两家上流社会集团的巨大利益争夺，面对要么零、要么无限大的利益分配，所以当时战场争斗厮杀之血腥，是完全在想象之中的。而在整个春秋时期，我们看不到一次类似武王伐纣这样的战争。

如果不是特别看重诸如霸主权重于天子这类政治是非问题，再看淡灭国的悲剧情节分量（所谓"灭国"，被"灭"的诸侯国其实就是一家一姓中的一批核心人物），超脱地看待当时的战争，还是很值得说道的。至于残酷，那是所有战争的共性；而论其残酷程度，无论与此前的武王伐纣，还是与其后的战国时期的战争，以及更后来的战争相比，那时候的战争可就温和得令人不可想象了。可惜我们不可能有亲临当时战场的体验，但是还可以从先秦典籍中领略到当时战争的风采。《春秋》虽然简括，好在《左传》是最擅长描写战争的，所以如果忽略伤亡给当事人带来的痛苦，姑且忍心以隔岸观火的心态来看那时的战事，还是很有些看点的。

1. 周天子亲临战场的战役

先看周天子率领蔡国、卫国、陈国的军队讨伐郑国的一场战役，战役发生在春秋时期鲁桓公五年，《左传》记其事，云：

> 秋，王以诸侯伐郑，郑伯御之。王为中军。虢公林父将右军，蔡人、卫人属焉。周公黑肩将左军，陈人属焉。郑子元请为左拒，以当蔡人、卫人，为右拒以当陈人。曰："陈乱，民莫有斗心。若先犯之，必奔；王卒顾之，必乱；蔡、卫不枝，固将先奔。既而萃于王卒，可以集事。"从之。曼伯为右拒，祭仲足为左拒，原繁、高渠弥以中军奉公。为鱼丽之陈：先偏后伍，伍承弥缝。战于繻葛。命二拒曰："旝动而鼓。"蔡、卫、陈皆奔，王卒乱。郑师合以攻

之，王卒大败。祝聃射王中肩，王亦能军。祝聃请从之，公曰："君子不欲多上人，况敢陵天子乎？苟自救也，社稷无陨，多矣。"夜，郑伯使祭足劳王，且问左右。

这场战役的起因，《左传》说得很简单，就是因为"王夺郑伯政，郑伯不朝"引发的。战役过程中发生了许多令现代人意想不到的事：首先，这是春秋时期王师讨伐诸侯而诸侯抗拒王师的唯一个案，王师大败，天子负伤，而事后诸侯各国皆未置可否，周天子对临阵溃逃的蔡、卫、陈三国也未加指责。这说明春秋时期的周天子已经无力驾驭诸侯，但是春秋早期周天子还有力量试图用战争方式改变现状；并且说明郑伯虽然在天子朝廷失势，而在诸侯各国尚有一定的威信；还能看到郑国子元对来犯的"敌军"以及整个战局的分析，而最后证明子元对战局的预测完全正确，这说明郑国有人才；而且郑子元划策，郑伯认同，君臣见解一致，说明郑伯是个有能力的国君。所以郑国打赢了这场战役。另外，还有战后郑国对负伤的周天子慰劳（祭足对天子的措辞是"劳"，对王属将领的措辞是"问"），很像是两个斗士武坛较量之后抱拳致意，两家都透着些豪爽仗义之气。

笔者特别看重的，一是"儋动而鼓"，一是"鱼丽"之阵。我们另找机会分析"儋动而鼓"，先看"鱼丽"之阵："为鱼丽之陈：先偏后伍，伍承弥缝。"杜预注："《司马法》：车战二十五乘为偏，以车居前，以伍次之，承偏之隙，而弥缝阙漏也。五人为伍。此盖'鱼丽'陈法。"这种"鱼丽"阵法，是春秋时期车战常用的模式，后来车战从战场出局，换成马战，开始也是多用这种"鱼丽"阵法：将领们在马上居前冲锋，步兵随后冲锋厮杀。需要补充说明的是：即使是战国时期的马战，也是将领骑马引领步兵，不会像两千年后席卷欧洲的蒙古军队，以及后来欧洲战场上哥萨克骑兵那样，以成建制的骑兵部队作战。

2. 春秋时期的"致师"

春秋时期显然还存留着古代战争的规范。"致师"则可以肯定是古代战争的子

遗，是当退场而没有退场的古代传统（《逸周书·克殷解》有
"武王使尚父与伯夫致师"的记载，《史记·周本纪》用之），一
脉不绝地流传到了春秋时期。

　　"致师"，杜预以"单车挑战"解释（《史记·周本纪》《正
义》径以"挑战"释之，不如杜预注具体而传神），就是在交战
双方战车列阵对圆之后，由一方的三员战将，驾一辆战车，完成
向敌方挑战的一系列战术程序。要求这三员战将通力协作还要各
显身手：中间的御者（驾车人）要驱车跑半圆弧线急速驰向敌人
营垒，要控制向心加速，使战车向内倾斜——标志则是战车上的
战旗在行驶过程中向内圈一边倾斜，这就是《左传》说的"靡
旌"①。当然，最要紧的还要控制战车不能因倾斜而颠覆（即《诗
经·郑风·大叔于田》所谓"磬控"——读为"倾控"）；走完弧
形半圈，到达敌军壁垒停车。左边的将领（他是战车的指挥）管
射箭，他要在快速走弧线而车体向左倾斜的战车上准确地把箭射
向敌垒；战车在敌垒外停稳之后，他还要代替御者把握六条缰绳。
这时候御者下得车来，从容不迫地把四匹马安排整齐：中间的两
匹服马居前，两边的两匹骖马差肩随后（《诗经·郑风·大叔于
田》："两服齐首，两骖如手。"），使停下来的战马还像跑的时候
一样各就其位；另外，他还要整理好马脖子上的皮带。与此同时，
车右（一般由孔武有力的将领担任）下得战车，只身闯入敌垒，
杀掉一个敌兵并且割取一只左耳朵，还要另外抓获一个俘虏，然
后退出营垒，上车。最后，车御驱车回到自己的营垒。在向自己
营垒返回的时候，敌方在适当时间派出战车追赶厮杀。

　　鲁宣公十二年，晋国与楚国之间发生了一次著名的战争，史
称"邲之战"。《左传》有一段描写邲之战的序曲——楚国向晋国

①关于古代的"致
师"，笔者有考证：
《略论古代的御》，
《孔子研究》1992
年第 2 期；《旗靡、
靡旌考》，《齐鲁学
刊》1992 年第 2 期。

的"致师",十分精彩:

> 楚许伯御乐伯,摄叔为右,以致晋师。许伯曰:"吾闻致师者,御靡旌、摩垒而还。"乐伯曰:"吾闻致师者,左射以菆,代御执辔——御下,两马、掉鞅而还。"摄叔曰:"吾闻致师者,右入垒,折馘、执俘而还。"皆行其所闻而复。

许伯快速驾车,让战车上的旗帜倾斜着("靡旌")跑过一个半圆形,贴近晋军营垒("摩垒")停下;乐伯站在疾驰的战车的左边将一种叫作"菆"的箭射向晋军营垒("左射以菆"),到达晋军营垒后代替许伯把持着缰绳("代御执辔"),许伯下战车,将两匹服马、两匹骖马前(服马在前)后(骖马在后)差等地安排整齐("两马"),并且象征性地将马脖子上的皮革整理妥当("掉鞅");车右摄叔进入晋军营垒("右入垒")杀掉一个敌兵("折馘",割取其左耳),抓了一个俘虏("执俘")扛到车上。总之,他们都完成了任务:"皆行其所闻而复"。

楚国这辆"致师"的战车跑回一段距离之后,晋国的三辆战车追了出来:

> 晋人逐之,左右角之。乐伯左射马,而右射人,角不能进。矢一而已。麋兴于前,射麋丽龟。晋鲍癸当其后。使摄叔奉麋献焉,曰:"以岁之非时,献禽之未至,敢膳诸从者。"鲍癸止之,曰:"其左善射,其右有辞,君子也。"既免。

跟从鲍癸从两翼夹击的战车人马受伤,只得停轮反斾,只有中路的鲍癸仍在追赶,而乐伯只剩下一支箭了。乐伯没有把这支箭射向鲍癸,却射向一只被战车惊起来的麋鹿,正中其背("射麋丽龟")。乐伯让车右摄叔把这只麋鹿献给鲍癸,说了一番彬彬有礼的话,鲍癸就打消了继续追赶的念头。

肯定有一条古老的规范对这次"致师"行动起了规定和约束作用。楚国参与这次活动的将领们说的那句"吾闻致师者",已经泄露了底蕴:如果不是古老的规范,三位军人又不是初临沙场，什么时兴的规矩不知道，何必"吾闻"？作为规范，"致师"肯定对攻守双方都有要求和制约。"致师"者必须具备娴熟的战术技巧，这是可以肯定的。除此而外，我们还可以推论当时的一些基本规定：譬如"致师"者将战车停于敌方营垒外，直到车右杀进、杀出壁垒，乘车，回车离开敌方壁垒的一定距离后，对方的战车才能出壁垒追赶；再如，"致师"的车右进入对方营垒后，守垒者既不得放暗箭，又不能鹊起围攻，只能眼看着敌方的"车右"完成一对一地"折馘、执俘"，等等。这些都是可想而知的，因为如果没有这些规则，"致师"的"游戏"是玩不起来的，当然也就不可能继续玩下去。

邲之战以晋国失败告终。一辆仓皇败退的晋国兵车（广）陷入深坑，楚国的追兵居然教晋国败兵怎样拔出阻碍车轮的插销，拔掉大旗，丢掉控制马缰绳的横木。免于被俘的晋国将士按照礼节应当对网开一面、教他们脱险的楚国追兵表示感谢，晋国人致谢的一番话诙谐而有趣，说：我们不如你们大国人物有见识，你们败阵逃跑的经验太值得我们学习了：

> 晋人或以广队（按：坠也），不能进，楚人惎之脱扃。少进，马还。又惎之拔旆，投衡，乃出。顾曰："吾不如大国之数奔也。"

胜利一方军人惺惺相惜而又居高临下的仁义，败退一方将士感恩解嘲的从容，生死场上的谈笑风生，令人几乎忘却了刚刚经历的出入鬼门关的战场厮杀。

而事实上这场战争双方皆有伤亡，晋国的贵族知庄子（知季）之子知罃被楚国的熊负羁俘获，楚国的贵族连尹襄老被知庄子射死，楚王的儿子公子谷臣被俘。而晋国将士死伤尤为严重，楚国将领潘党甚至建议筑圆丘，在圆丘中堆积晋国将士尸体，以炫耀"武功"；不过，楚王的儿子被晋军抓获，促成了楚王的另一番心思。楚王用楚国版的"说文解字"解释了"武功"的武字，并据此否定了潘党的建议。

> 潘党曰："君盍筑武军，而收晋尸以为京观？臣闻：克敌，必示子孙，以

无忘武功。"楚子曰:"非尔所知也。夫文,止戈为武……武有七德,我无一焉,何以示子孙?其为先君宫,告成事而已。武非吾功也。"

楚庄王对"武"字的解释是:能使战争停止者("定功戢兵")才是"武"。后世中原学者深受其影响,东汉许慎作《说文解字》,就是这样说解"武"字的。

古代春秋时期的战争确实有些令现代人百思不得其解的规范、法则。

诚然,"国之大事,在祀与戎",这是作为信条铭记在政治家脑海里的,所以才被史家载诸史书。但是令后世不解的是:那些贵族斗士们在出生入死的关头是如何保持那份平静心态的?他们怎么会把一种近似对完美艺术的执着追求在"致师"过程中潇洒自如地实现的?"大事"当前,这些性情中人的心里有"大事"吗?或许他们认为:正因为是"国之大事",国格攸系,所以才更应该如此这般张扬国风吗?我们现在是很难理解当时的战争了,也很难理解那些在战场上尽显其风流倜傥的贵族斗士了。

像邲之战这样的战争,在春秋时期是很典型的、很经常的,但是从这样的战争,很难想象掩身雉堞枕戈达旦的长城据守。这对于主军,是用不着;对于客军,是犯不上。也就是说,春秋时期的战争不需要长城。当然,从另一个角度看,如果一道长城修建于春秋时期,建造它的人肯定不是出于战争防御目的,而应当是对它另有寄托。

3. 晋国大败齐国的鞌之战

再来看齐国与晋国之间的一场战争。这场战争发生在《春秋·成公二年》,而四年前的一件小事却是这场战争的重要铺垫。

当年晋国的贵族郤克出使齐国,齐顷公安排宫中女子在帷幕后面观看。郤克跛脚,在他登台阶的时候,遮挡着帷幕的房间里传出了女子的笑声,参与哄笑的就有齐顷公的母亲萧同叔子。一群妇道人家的嘲笑严重伤害了郤克的自尊心,所以发誓报复齐国以雪耻。《左传·宣公十七年》记载其事,云:

> 十七年春,晋侯使郤克征会于齐。齐顷公帷妇人,使观之。郤子登,妇人

笑于房。献子怒，出而誓曰："所不此报，无能涉河。"献子先归，使栾京庐待命于齐，曰："不得齐事，无复命矣。"

四年后，齐国连续攻打鲁国、卫国。《春秋·成公二年》记载，"春，齐师伐我北鄙。夏，四月丙戌，卫孙良夫帅师及齐师战于新筑，卫师败绩。"卫国、鲁国向晋国请兵，晋国出兵攻打齐国，领兵的主帅就是郤克，他终于等来了"得齐事"（发兵攻打齐国）的机会。这就是有名的齐晋鞌之战。

晋国的军队先到了卫国，从卫地追赶齐国军队到莘，然后追赶到靡笄山下。齐国的军队不能再退了，于是战役在鞌打响。晋国韩厥的战车绕华不注山追赶败退的齐顷公，差点将其俘获。齐国的军队溃退，"晋师从齐师，入自丘舆，击马陉"。

战败的齐国只得求和，代表齐国求和的就是国佐，《左传》称其为"宾媚人"："齐侯使宾媚人赂以纪甗、玉磬，与地。不可，则听客之所为。"晋国的主帅郤克果然不答应撤兵，郤克提出的条件是以齐顷公的母亲萧同叔子作为信用抵押，并且齐国的田垄全部改为东西方向："必以萧同叔子为质，而使齐之封内尽东其亩。"

国佐引经据典，指出郤克的要求是"以不孝令"，是"唯吾子戎车是利"。国佐拒绝了郤克的无理要求，并且表示了"收合余烬，背城借一"、誓死捍卫国家主权尊严的决心。郤克大败齐国，已经出了气，也就不再坚持其无理要求。这场战役，齐国被迫将侵夺的汶阳之田归还鲁国："秋七月，晋师及齐国佐盟于爰娄，使齐人归我汶阳之田。"

郤克"使齐之封内尽东其亩"的要求，被国佐赋予了"唯吾子戎车是利"的意义，并以此作为拒绝的理由。国佐的这番话只是外交辞令要求使然，其实田垄都是凸起来的，而且都与纵横的沟洫配套，并不与车辙等宽，所以不管纵向还是横向，都是不利于兵车驰骋行走的。郤克的这个要求只是为了侮辱齐国，表示齐国必须听命于晋国，并没有便于晋国兵车进攻齐国的目的——无论是败退的齐国兵车，还是追击的晋国兵车，都不会走田垄，而是走商旅大道——后来连顾炎武也将这句外交辞令当成实话了，其实并不是那么回事。

可以看到，晋国进军路线是从山东西边的"卫地"进军到达莘，莘就是现在山东的莘县左近，鞌即济南马鞍山，靡笄山盖即济南金鸡岭，华不注即济南华山。丘舆、马陉已经逼近齐国的首都临淄。

4. 晋国大败齐国的平阴之战

再来看另一场战役，也是发生在齐国与晋国之间。《左传·襄公十八年》记载了这场战役。这年十月，北方十二个国家的军队在晋国的带领下集会于鲁国的济水渡口，进攻齐国的平阴。齐侯（齐灵公）亲自率领军队防御平阴：

> 齐侯御诸平阴，堑防门而守之广里。宿沙卫曰："不能战，莫如守险。"弗听。诸侯之士门焉，齐人多死。范宣子告析文子曰："吾知子，敢匿情乎？鲁人、莒人皆请以车千乘自其乡入，既许之矣。若入，君必失国。子盍图之？"子家以告公，公恐。……齐侯登巫山以望晋师。晋人使司马斥山泽之险，虽所不至，必旆而疏陈之。使乘车者左实右伪，以旆先，舆曳柴而从之。齐侯见之，畏其众也，乃脱归。

齐国军队在钜防的城门外挖掘壕沟，为客军攻城设置障碍，据守广里防门。防门是平地垒土而成，防门以南，面临一片地势开阔平坦的斜坡，不得不应对全方位的攻击，所以宿沙卫建议放弃钜防（"不能战"），转而在高山"守险"。这说明，防门以及防门外临时挖掘的沟堑并不是可守之险，而"诸侯之士门焉，齐人多死"的战况证明宿沙卫的分析是正确的。这说明，当年张仪以悬河之口说的那句"长城钜防，足以为塞"，尽显术士说客虚张声势之能事，可以欣赏，却不能当真。

"鲁人、莒人皆请以车千乘自其乡入"，而晋国主帅已经批准了两国的建议。"自其乡入"就是莒国、鲁国一东、一西相呼应，分别向北进攻齐长城一线的某个关口。齐侯既要应对从西南进犯的晋国，又要堤防南面长城沿线的关口，被迫两线、三线作战。而且一旦鲁国、莒国打通长城某处关口，乘虚而入临淄，齐国朝臣就可能另外拥立一个新国君。朝臣趁机拥立一个新国君的情况在春秋时期屡见不鲜，这是齐灵公最担心的。登上巫山的齐灵公看到的是：各处山泽之险都是晋国的旗帜，晋国的军队车马扬尘，声势浩大。满眼草木皆兵的齐灵公只得选择扔下军队，独自逃跑（"乃脱归"）——他最担心的就是临淄城里的政变。齐国的军队当天夜间步其后尘撤退，只剩下一座平阴广里空城，传来乌鸦欢快的叫声和渐渐去远的马嘶声：

> 丙寅晦，齐师夜遁。师旷告晋侯曰："乌乌之声乐，齐师其遁。"邢伯告中行伯曰："有班马之声，齐师其遁。"叔向告晋侯曰："城上有乌，齐师其遁。"

齐侯被迫放弃防门、平阴广里，证实宿沙卫"不能战，莫如守险"的建议是正确的。齐师宵遁，晋国主帅主张乘胜追逐逃跑的齐侯，和尾随其后的齐国败军，可望将齐灵公抓获于败走临淄的途中，而鲁国、卫国则希望进攻西部的齐国城池。晋国的主帅采纳了鲁国、卫国"攻险"的建议：

> 晋人欲逐归者，鲁、卫请攻险。己卯，荀偃、士匄以中军克京兹。乙酉，魏绛、栾盈以下军克邿。赵武、韩起以上军围卢，弗克。

京兹、邿、卢，就是鲁国、卫国要求所攻之山险城池（被魏绛、栾盈攻克的邿，就在五峰山上。前些年在五峰山上出土过邿国青铜器，可证），这些地方都在齐国的西南边，鲁国、卫国要求攻占这些地方是为了战后据为己有。这与战事一开始，鲁国、莒国要求分别从南面进攻齐长城的各个关口的目的是不一样的。当时鲁国、莒国希望趁机攻克齐国长城沿线关口，抢先进入临淄，扶植一个齐国公子即位国君，为我所用，所以提出分别"以车千乘自其乡入"的主张。

仓皇逃跑的齐顷公亲自驾车，要逃往郜棠，被太子和郭荣制止：

> 太子与郭荣扣马，曰："师速而疾，略也，将退矣。君何惧焉！且社稷之主，不可以轻，轻则失众。君必待之。"将犯之，太子抽剑断鞅，乃止。

晋国及诸侯国军队一路劫掠，向东一直追到潍水，向南一直追到沂水：

甲辰，东侵及潍，南及沂。

第二年春天，以晋国为首的十二国诸侯军队才从沂河收兵。秋天，齐灵公去世，晋国、卫国根据当时的礼节放弃了对齐国的进一步攻打。

这场战役，晋侯和齐侯都亲自参与。晋军的进攻路线是：从鲁国的济水渡口，然后进攻平阴广里，攻克平阴后，一路进攻至周秦，然后东到潍水，南到沂水。

经过这两次战役，晋国巩固了自晋文公确立的霸主地位，齐国受到重大创伤。这两次战役，晋国都是从齐国的西部边境入侵，然后向东推进，齐长城没有得到一次表现其战争防御功能的机会。

当然，鲁国、莒国都曾经萌生过从南面进攻齐国长城沿线关口的念头，只是没有合适的机会罢了。一旦齐国国内实力减弱，无暇顾及南面的战事，齐长城一线的各个关口都会是敌军进攻齐国的突破口。

但是这些都与齐长城毫无关系。因为即使没有齐长城，齐国南部边境一线的各处山麓缓坡以及山谷口，都还是要设关的。换句话说，齐长城与齐长城沿线的各个关口是两码事，齐国南部边境诸关口只是偶尔被一道齐长城串联起来了而已。齐国南境的关口，都有一条贯通南北的商旅大道，诱导客军主帅思路的，就是这些通关的南北商旅大道。所以一旦机会到来，鲁国、莒国希望攻打的是齐国关口；鲁国、莒国都不会攻打齐长城，因为齐长城所立根的山岭没有可以供车马行军的大道。

这一点是很重要的，证明春秋时期的长城肯定不是战争产物，而并非出于战争防御目的的齐长城肯定另有用场。

二 战国时期的战争

（一）时代变了，战争也变了

在春秋时期的战场上经常会见到各国诸侯的形象，甚至还见到过亲临战场的周天子；但是到了战国时期，战场上似乎再也看不到各国诸侯的影子了。这也许能够证明，战国时期的战争比春秋时期的战争危险多了，国君们谁也不敢亲自涉险沙场了。

春秋时期的斗士不能想象战国时期的战争，战国时期的战争完全是另一番情景——仅从美学角度说，这个时期的战争很不好看。

表面上看，战国时期的战争也是攻城、野战，似乎与春秋时期无二致，其实两个时期的攻城、野战是很不一样的。

春秋时期的攻城、野战，目的是张显国力，迫使对方投降服输，承认战胜国的霸主地位，服从霸主所立的规矩。但是获胜一方公然分割、占有守御国领土的情况是罕见的（尤其是春秋初期、中期），即使有时偶尔发生，过后也会有程度不等的纠正，总之这样的事一般并不被诸侯各国认可。

战国时期的攻城、野战，目的很明确，就是占领敌国的土地城池。再者，春秋时期的战争规模较小，交战方并不追求大量杀戮；而战国时期则多见大规模战役，战死的士卒多见以数万计。另外，从野战形式看，春秋时期的野战主要是车战，以战车冲锋，步兵弥缝其间，在战车的掩护下进攻；而战国时期的野战主要是骑战，即以骑兵冲锋，步兵跟随其后，在骑兵的率领下进攻。至于攻城，春秋时期的客军一般是围困，被包围的主军只有固守（好像也不做待援之想），直到围城里的粮草断绝，守城者不得不投降。而战国时期的攻城则残酷得多，攻守战具也花样翻新，引水灌城，上风纵火，能想到的都想到了，能用上的都用上了。反对战争的学者在城池攻守对立中站在守城一方，遂总结出一整套守城战术，代表人物就是主张"非攻"的墨翟；有见于战争不可避免，而欲总结其规律以期驾驭之的军事家，遂写出了传世的兵法，其代表著作就是《孙子兵法》《孙膑兵法》《司马穰苴兵法》。

《吕氏春秋·修务训》有一则演绎当时传闻的故事，记载了墨翟先是与楚王，然后与公输般的一番口舌斗械，很有代表性：

昔者楚欲攻宋，墨子闻而悼之，自鲁趋而往。十日十夜，足重茧而不休息，裂裳裹足，至于郢。见楚王曰："臣闻大王举兵将攻宋，计必得宋而后攻之乎？亡其苦众劳民，顿兵挫锐，负天下以不义之名，而不得咫尺之地，犹且攻之乎？"王曰："必不得宋，又且为不义，曷为攻之？"墨子曰："臣见大王之必伤义而不得宋。"王曰："公输，天下之巧士，作为云梯之械。设以攻宋，曷为弗取？"墨子曰："令公输设攻，臣请守之。"于是公输般设攻宋之械，墨子设守宋之备。九攻，而墨子九却之，弗能入。于是乃偃兵，辍不攻宋。

墨翟与公输般可以在楚国的朝廷上进行积木垛方、鼓腮吹唇的较量，而发生在战国时期的实际战争，其残酷激烈程度，却是口舌争斗所不能比拟的。

（二）秦国屠戮六国的流水账

秦国奖励耕战，鼓励军人在战场上肆行杀戮。在后世史家的心目中，秦国是专"尚首功"而弃绝仁义的"虎狼之国"。

翻看《史记·秦本纪》，后半篇的主要内容就是秦国将领攻城野战的杀戮史，据《秦本纪》记载，大规模杀戮从秦献公开始。献公二十一年，秦军"与晋战于石门，斩首六万。天子贺以黼黻"。秦献公为秦国的大型杀戮开篇，一次战役夺取晋国六万将士的性命，朝不虑夕的周天子还被迫向秦国的屠杀致贺献礼（周天子所献"黼黻"，是以黑色为主色调的礼服）。石门之战让冷兵器时代的战国人第一次心惊肉跳。之后是孝公。

秦孝公任用商鞅，"变法修刑，内务耕稼，外劝战死之赏罚"。商鞅变法为秦国奠定了发动更大规模战争的农业经济基础。之后是惠文君，后来称惠王。

惠文君七年，"公子卬与魏战，虏其将龙贾，斩首八万"。第二年，魏国被迫将其河西地献给秦国，又两年后（惠文君十年），魏国的上郡十五县也纳入秦国版图。惠文君十四年称王，以这年为惠王元年。惠王七年，"韩、赵、魏、燕、齐帅匈奴共攻秦。秦使庶长疾与战修鱼，虏其将申差。败赵公子渴、韩公子奂，斩首八万二千。"十三年，"庶长章击楚于丹阳，虏其将屈丐，斩首八万。又攻楚汉中，取地六百里"。

秦武王四年，"拔宜阳，斩首六万。涉河，城武遂"。

昭襄王六年，"司马错定蜀。庶长奂伐楚，斩首二万"。十四年，"左更白起攻韩、魏于伊阙，斩首二十四万，虏公孙喜，拔五城"。三十二年，"穰侯攻魏，至大梁，破暴鸢，斩首四万，鸢走。魏入三县请和"。三十三年，"客卿胡伤攻魏卷、蔡阳、长社，取之。击芒卯华阳，破之，斩首十五万。魏入南阳以和"。四十三年，"武安君白起攻韩，拔九城，斩首五万"。

最惊人的是昭襄王四十七年对赵国的战役，《秦世家》说："秦攻韩上党，上党降赵。秦因攻赵，赵发兵击秦，相距。秦使武安君白起击，大破赵于长平，四十余万尽杀之。"《赵世家》将这次战役记载于赵孝成王七年："秦人围赵括，赵括以军降，卒四十余万皆阬之。"

三年后，昭襄王五十年，将军王龁"攻晋军，斩首六千，晋走流死河二万人"。[①]此处被攻打的是赵国军队，称"晋军"，说明可能还有韩国、魏国的增援部队。五十一年，"将军摎攻韩，取阳城、负黍，斩首四万。攻赵，取二十余县，首虏九万。"

以上摘录内容，是选择较大规模的攻城略地，重点是数目惊人的杀戮，可以看作是秦国屠灭六国的杀戮流水账。至此，秦国经过五世经营，已经完成了对韩、赵、魏、楚四国摧毁性的全面打击，为秦始皇武力统一华夏打下了坚实的基础。

试想一次战役造成七万、八万，乃至十几万、二十几万人的牺牲，这在春秋时期是不可能的；再设想四十余万军队，悉数做

① "晋走流死河二万人"，《史记》作"晋、楚流死河二万人"。《集解》引徐广曰："楚，一作走。"《正义》："按：此时无楚军，走字是也。"今从之。

了战俘，而且悉数被阬杀，这在春秋时期更是绝对不可能发生的。指挥战役的秦国将领建立了令后世瞠目结舌的战功，这样的战功即使在两千年后的抗日战争中、以及二次大战欧洲战场上也是难得一见的。

秦始皇十三年，"桓齮攻赵平阳，杀赵将扈辄，斩首十万"。十七年，"内史腾攻韩，得韩王安，尽纳其地"。十九年，"王翦、羌瘣尽定取赵地，东阳得赵王"。二十二年，"王贲攻魏，引河沟灌大梁。大梁城坏，其王请降。尽取其地"。二十三年，"秦王复召王翦强起之，使将击荆，取陈以南至平舆，虏荆王"。楚国项燕拥戴昌平君为楚王，占据淮南抗秦。二十四年，"王翦、蒙武攻荆，破荆军。昌平君死，项燕遂自杀"。二十五年，"使王贲将，攻燕辽东，得燕王喜。还攻代，虏代王嘉"。

在与秦国对抗的山东六国中，齐国是最后灭亡的，亡于始皇二十六年。《史记·秦始皇本纪》载其事："齐王建与其相后胜发兵守其西界，不通秦。秦使将军王贲从燕南攻齐，得齐王建。"《田敬仲完世家》也记载此事："五国已亡，秦兵卒入临淄，民莫敢格者。王建遂降，迁于共。"

（三）从列国长城的遭遇看齐长城

从《秦本纪》以及山东六国《世家》，我们注意到战国时期的攻城野战。所谓"攻城"，尤其是秦国的"攻城"，其目的就是攻破守城方的城门，因为守城方就是凭借城墙而进行防御的，而城门必然有贯通内外的大道，利于马、步行军，所以城门就成了攻城、守城的焦点。城墙四面包围城邑，呈圆形或方形，是单层或双层的城郭，而不是像长城那样作长条带状曲折的样子。我们看到的战国时期的掠地攻城只有围困城邑，没有针对长城的"攻城"。或者说，即使在战国时期也没有听说在哪个国家的长城下发生过尸首枕藉的"攻城"！这是很应当令人注目的，尤其是令学者们注目，更尤其是长城专家学者。因为由此而推论，春秋时期就更不可能发生针对长城的"攻城"战事。

在强秦多角度、大视野的战略、战役攻势之下，列国为战争防御修建的零星小格局长城，都统统沦为了马其诺防线。

回到齐长城。齐国的这条长城是东西方向建立在泰山、沂山之上的，攻战方的战车、战马该如何从南面山坡向北冲到山峰（仅仅冲到山脚下是没用的）？或者交战双方的战车、战马该如何在齐长城内外沿着泰沂山脉的峰顶山尖驰骋？这些问题，不知主张齐长城是用于战争防御目的学者们是否想过？

《左传·成公二年》发生的齐、晋鞌之战，其转战路线是：晋国率领鲁国、卫国的军队先"从齐师于莘"，然后"六月壬申，师至于靡笄之下"，最后"癸酉，师陈于鞌"。《左传·襄公十八年》记载，晋国率领十二国诸侯攻打齐国，战事从平阴防门开端，十二国诸侯一直"东侵及潍，南及沂"。这些战争可曾涉及齐长城吗？如果说，这是西方的晋国攻打东方的齐国，当然不会绕道齐长城，那么齐国为什么不在西线边境修建一道用于防御晋国入侵的齐长城？齐国为什么偏偏要针对软弱的鲁国、莒国，以及鞭长莫及的楚国，还有一直挨到春秋晚期才打定主意来中原赶场谢幕的吴国，修建这道常设不用的长城，而在应该修建长城的西边边境自始至终疏忽，莫名其妙地永远失策呢？齐国为什么要确定一条提防弱小、无视强梁的战略防御方针呢？

再来看齐国是如何防御秦国的，是通过在齐国西部边界固守（"齐王建与其相后胜发兵守其西界，不通秦"）；秦始皇是怎么灭亡齐国的，是从燕国的南部进攻而奏效的（"秦使将军王贲从燕南攻齐"）。为什么身临其境的秦始皇和齐王建都没有想到针对长城进攻、或者利用长城防守，而两千多年后隔岸观火的专家学者们却都纷纷打起齐长城的主意来了呢？是心花怒放的秦始皇和心急火燎的齐王建的智慧不及现代的长城专家吗？

当然，对此也可以从另一个角度考虑：正是因为齐长城的存在，所以秦国避免从齐国南面进攻，齐国也就放心地应对西面边境——这正是齐长城战争防御作用的体现。但是这根本就算不上是"思路"，因为即使没有这条齐长城，秦国以及先前的晋国也不会从齐国南境进攻，别忘了齐国南境齐长城的坐落位置：齐长城正是骑着绵亘千里的泰沂山脉而修建的。秦国和晋国的将领不会放置平原大道近路不走，而偏爱绕道远足、涉险山岭的体育运动。

吃过第三个炊饼之后其腹鼓然、凸然、挺然，随即后悔浪费了在此之前破费的两个炊饼——这当然是笑话；目睹过长城一线断壁残垣，立即想象出当年云梯、礧石攻城的鲁国、莒国、楚国、吴国的几万雄兵，于是视长城脚下的泰沂山脉蔑然无物——这种念头却是事实。而且这种念头直到现在还被有的齐长城专家视为专利而常年坚守着。

专家也许是想不到，或者是不愿意多想，其实千里一线的不只是数米之高的齐长城，还有齐长城赖以扎根的高达千米的泰沂山脉，如果论及战争防御功能，齐长城只不过是冒领了泰沂山脉天然的战争防御之功而已。人们在踏访、寻找那条草蛇灰线的时候，居然会忘记瞄一眼脚下的泰山、沂山！

齐长城的关口都选在南北大道上，或者说，山东境内与泰沂山脉垂直的南北大道都正对一个关口。这些关口，有的是建于山谷口，有的是在山脉低缓之处骑山脊而建造的。这些在山脉缓坡正对南北大道上突兀而起的雄关城墙，倒是可能诱导攻城者的战术想象，不过这种想象与针对一般城邑的攻守想象一样，无非是被关口前的大道引领，来到城门前，针对城关、谯楼做撞击、攀爬、纵火文章，与千里齐长城并没有必然联系——因为即使没有齐长城，齐国人也会在此等山谷口、山脉低缓之处修筑城楼、关口的。

注意：战车、战马都走大道，这既与国佐所说"唯吾子戎车是利"无关——晋国只是为了显耀实力而任意摆布齐国，国佐只是为了不受晋国任意摆布，其实兵车运行之方便与否与田垄的方向是无关的——也与顾炎武所谓"阡陌之间一纵二横，亦非戎车之利也"毫无关系。

三　从围棋和象棋看春秋、战国时期的战争

我们设立这个初看似乎与主题无关的小标题，是因为齐长城一直被长城专家们

认定是战争防御的产物，而围棋与象棋的包围、对抗、牵制、追杀，显然是仿效战争。围棋、象棋就是凭借各自对当时战争的模拟，进入了我们的视野。

1. 发明围棋、象棋的大致时段

笔者对棋类只有旁观经验，并没有研究，所以不得不涉及的棋类话题只能算是谨慎尝试。譬如围棋、象棋产生的年代，就不敢确凿言之，我们能做到的只是大体估计——不过，大体估计也就够用了。

晋张华《博物志》云："舜造围棋，丹朱善之。"这个说法肯定有来路，但是来路却很可疑，忙于惩治"四凶"的大舜恐怕没有时间将精力付诸游戏。许慎著《说文》，解释博弈的弈字，就没有说"舜造围棋"，而是径以"围棋也"释之。

围棋、象棋之仿效战争，当然是仿效当时或者既往而尚在记忆之中的战争，这是可想而知的。从围棋、象棋之包围、对抗、牵制、追杀看，大致可以确认，这两种棋艺应当先后产生于春秋早期、战国晚期。

一个仿效战争的棋种以"围"字命名，这本身就能证明：它所仿效的战争，其胜负是以包围实现的。围棋是从汉代一直叫到现在的名称，先秦则叫作"弈"。《左传·襄公二十五年》记载大叔文子评论卫国大夫宁喜："今宁子视君不如弈棋，其何以免乎？弈者举棋不定，不胜其耦，而况置君而弗定乎？"《论语·阳货》记载孔子的话："不有博弈者乎？为之犹贤乎已。"说明春秋时期、孔子之前，早就已经时兴围棋了。《孟子·告子上》说到过一位名叫"弈秋"的"通国之善弈者"，就是现在说的国家级的围棋高手。既是"通国之善弈者"，必然曾经跟许多高手过招而胜出，说明围棋在孟子时代已经蔚成风气。围棋的特点在于包围，可以反映战争中的围城，以及平原上的围攻（《孙子兵法·谋攻》篇所谓"十则围之"），这很符合春秋时期的战争，所以可以大体断定围棋发明于春秋早期，不可能更晚。

象棋有车，有马，说明象棋是战国中期以后的产物。战国初期的战场上，可能有一度短暂的车战、马战混杂局面，象棋就是回忆，并从而反映这种车战、马战混用的战场局面的。

2. 象棋中的炮和车

人们可能因为象棋中的"炮"而将象棋的发明时间推迟至热兵器用于战争之后，这其实是误解。

《说文》有炮字，释云："毛炙肉也。"这是解释炮字的本义：带毛烧烤的肉。《广韵》去声三十六效也有炮字，释云："炮，灼貌。"（《钜宋广韵》）虽然不是烧烤肉，也与烧烤有关，是烧烤肉的引申义。

也有这种可能：《广韵》释炮字为"灼貌"，其实是"炙肉"二字之错写。炙字从火、从肉，示意炙肉；或可能写作左边火、右边月（肉），作炦形，与"灼"形相近；面貌的貌字原是籀文（《说文》释皃字，下出貌字，云"籀文貌，从豹省"），小篆本字作"皃"，与"肉"字之形相近。所以"炙肉"或误读、误抄为"灼皃"，后来书作"灼貌"。也就是说，《广韵》解释炮字可能与《说文》并无二致，《广韵》依据《说文》为说是正常的。

《广韵》去声三十六效有礮字，与炮字同小韵（所谓"同小韵"，就是用同一个反切注音的一组同音字），释云："礮石，军战石也。"可见，"礮"就是用于战争、向敌人抛掷的石头。这个礮字后来简化为"砲"。

《广韵》去声三十六效与炮、礮同小韵的还有一个抛字，释云："抛车。"所以"抛"（去声）就是"抛车"，就是抛掷"战石"的机械设施，用于抛掷"礮"的战车。

象棋的"炮"则既是"抛"，又是"礮"："抛"，就是发射用的"抛车"；"礮"就是用"抛车"抛掷的石头"炮弹"。换句话说，象棋中的"炮"就是发射"礮"的"抛"（去声）。"抛"和"礮"本来是一件事的体、用两个方面，后来统一体、用为一名，写作"砲"。"抛（去声）车"投射石头"炮弹"的动作形同于抛掷，这个动作后来就叫"抛"（平声）。以"抛"（去声）抛（平声）"礮"（炮），古代用于战争攻城，却与火药、与热兵器毫无关系。

"礮"（炮）这种武器用于战国，但是这种武器的雏形在春秋时期已经用于战场。发生在桓公五年的那场周天子讨伐郑国的战争中，郑伯命令部队"旝动而鼓"的"旝"（已见前引），就是这种武器。《说文》有旝字，释云："建大木，置石其上，发以机，以追敌也。"所引书证就是桓公五年的这句"旝动而鼓"。《广韵》去声十四泰有"古外切"的旝字，其说解系根据《说文》而比较简略，云："木置石投敌也。"（《钜宋广韵》误为"水置石投敌也"）

两种武器，旝与礮的作用是一样的，礮可能比旝更便于移动，所以叫"抛车"，是在旝的基础上的改良。旝用于春秋时期，炮（抛、礮）则用于战国时期。

大致在战国中期，用于冲锋陷阵的战车已经退出战场。《楚辞·九歌·国殇》是纪念丹阳之战殉国的八万楚国将士，尤其是纪念楚国将军屈丐的。歌词有"霾两轮兮絷四马"，这与战国中晚期的马战不吻合，可能给人以此时仍然是车战时代的错误印象，其实当屈原写这首战歌的时候，战车早就已经退出战场了。诗人自有诗人的艺术构思，诗人的情思需要与众不同的诗化语言表达，屈原可能觉得车马困陷、将军牺牲的情景更能渲染战场的"国殇"悲剧气氛，于是构思了"霾两轮兮絷四马"的古风战格。如果进而想到岳飞的《满江红》，就可以放弃屈原时代的车战念头了：一千多年后的岳飞，也是将三十年战马倥偬的激情岁月，用"驾长车，踏破贺兰山缺"描画的。

时过境迁很长时间之后（甚至直到现在），具有诗人情怀的将军，以及具有将军情怀的诗人，都可能还有一个"战车"情结。

当然，说战车已经退出战场，并不是说车辆退出战争；甚至刚开始战车也并没有随着马战的出场而立马退役。当脱离战车羁绊的战马开始单独践踏沙场的时候，改造过的战车仍然用于运载辎重粮草，后来才被专门运载粮草辎重的车辆取代。车辆的这个作用一直持续到抗日战争，甚至更晚。

但是象棋中的"车"并不是用于辎重运输的，而是用于冲锋陷阵的，其攻战威力大于马，也大于炮，所以象棋话语有"有车杀无车"的说法。由此，我们认为象棋的产生年代应当在战国晚期，是当时人们对战国初期战马已经踏上战场、而战车仍然发挥其攻战作用的那些战争场面的历史回忆的产物。

3. 围棋的"氣"

围棋反映战争，其包围战术虽然不能排除对野战情境的仿效，但是围棋主要模拟的还应当是围城。被包围的数颗棋子就好比是或大或小的一座城池，如果被包围的数颗棋子有"气"，这数颗棋子占领的地盘就不会被吃掉；相反，被包围的地盘没有了"气"，这几颗棋子就被吃掉了。对于被围困的一组棋子来说，"气"真是太重要了。

对比战争的围城。如果包围一座城池数月乃至半年不能攻克，一般情况下客军就只能选择撤兵，因为客军劳师而袭远，需要从国内源源不断地提供粮草辎重，不利于持久战；而一座被包围的城池之所以能够支撑数月或者半年而不被攻克，需要很多条件，如果像孟子那样务虚地数算过诸如天时、地利、人和等条件之后，最重要的物质条件就是粮草了。有一年的粮草储备，城池就能够固守不下。所以《管子·揆度》说："故有城无人，谓之守平虚；有人而无甲兵，（有甲兵）而无食，谓之与祸居。"[①]可见，对于围城内外的攻守双方来说，食物粮草真是太重要了。

现在来解决围棋的"有气""没气"究竟是什么意思。

围棋术语的"气"原本作"氣"，气字音 qì，氣字音 xì，这两个字读音十分接近，但是并不同音。《说文》释"气"字："云气也。"可见气字的本义就是天上的云气，就是空中散淡飘忽的行云。"氣"与"气"不同，"氣"不是行云，不是"云气"，氣字从米，表示它是食物。

《说文》释"氣"字："馈客刍米也。……饩，氣或从食。"

①尹注本《管子·揆度》篇："有人而无甲兵，而无食。"戴望《校正》引安井衡云："'甲兵'下疑脱'有甲兵'三字。"今从之。

可见"氣"就是为客人准备的饭食（米），以及为马匹提供的草料（刍）——有身份的客人是驾车来的。《僖公二十九年》："介葛卢来朝，舍于昌衍之上。公在会，馈之刍米，礼也。"鲁僖公对来朝的介葛卢"馈之刍米"，《说文》解释氣字本义，就是引用《左传》的这句"馈之刍米"为书证的。《论语·乡党》有孔子对出席宴会者的提醒："肉虽多，不使胜食氣。"就是说，宴席上虽然肉多，也不要吃之无度；度，就是其量不能多于（胜）摄食的谷物食品——孔子的措辞是"食氣"，就是"氣"。

《说文》以"氣""饩"为异体字，都是"馈客刍米"。《昭公元年》说，楚国令尹子干逃难到晋国，"叔向使与秦公子同食，皆百人之饩"。"百人之饩"就是足够百位客人的饭食。

典籍用饩字，还常见表示"馈客刍米"的引申义——特指活着的牲畜。如《左传·桓公六年》："于是诸侯之大夫戍齐，齐人馈之饩。"杜预注："生曰饩。"《左传·桓公十四年》："春，会于曹，曹人致饩。礼也。"杜预注："熟曰饔，生曰饩。"与送给客人吃的谷米有别，送客人以活着的家畜，就叫"饩"。《论语·八佾》："子贡欲去告朔之饩羊。"郑玄注："牲生曰饩。"这说明平时圈养、以备祭礼用作牺牲的家畜，古人也叫"饩"。牺牲是进献给神灵的，与"馈客"相似，这些都是"馈客刍米"之"氣"的引申义。

《左传·僖公十五年》："是岁，晋又饥，秦伯又饩之粟。"《襄公二十九年》记载郑国饥荒，"子皮以子展之命，饩国人粟，户一钟。是以得郑国之民。"《哀公二十四年》云：晋人"饩臧石牛"。可见饩字还可以用如动词，秦国"饩之粟"是供给晋国粟米以度荒，子皮"饩国人粟"是供给国人粟米以果饥腹，晋人"饩臧石牛"是送给随行出征的鲁国臧石以活牛作为食物。以上饩字都是动词供给、馈赠之义。

前面引证过《左传·宣公十二年》楚国、晋国的"邲之战"，楚国的摄叔将射死的麋鹿献给晋国出垒追赶的鲍癸，并且说了这番话："以岁之非时，献禽之未至，敢膳诸从者。"这只麋鹿就是被当作"馈客刍米",被当作犒劳客军的"饩"来奉献的。摄叔的"致饩"礼数是鲍癸打消继续追赶念头的最重要的原因。

气字和氣字（饩字）在较长的一段时间内曾经有互相替换而致混淆的经历：先是气字假借为乞求的乞字，于是有了从气字减去中间一横的乞字；随即用氣字（原读 xi）读气字音（读 qi），而代替气字，气字几乎从汉字中淡出；后来又将氣字，还有炁、汽、滊等字归并、简化作气字。这个过程致使围棋的"氣"的意义模糊不清。但是围棋的"qi"不是"云气"，乃是"刍米"：被围困的几颗棋子不是死于窒息，而是死于饥饿——这些都是很清楚的。

围棋术语的"氣"就是"刍米"，就是粮草，当然也包括"饩"。城池被围困之际，既有谷物（米）、草料（刍），又有豢养以待割烹的牲畜（饩），就能固守以待援兵；没有"刍米"就不能守城。围棋游戏仿效之，就是：在一组棋子被包围的情况下，有"氣"就不被吃掉，无"氣"就失掉地盘。

可以肯定，围棋作为仿效当时战争的游戏，主要仿效的就是围城攻守。

4. 结论：围棋、象棋皆不见长城攻守

我们从围棋看不到攻打或者固守长城，因为长条形的防御工事，其粮草供应线总是在防御一方控制范围——就是所谓"后方""大后方"之内，除非防御一方物资匮乏，或者"后方"路途过于遥远，一般是不会发生粮草供给不足的情况的。也就是说，从产生于春秋早期的围棋游戏中看不到攻守长城的影痕，因此也就不支持对长城之战争防御作用的任何想象。

围棋告诉我们：如果只从战争考虑，齐长城不是春秋时期的产物。从另外一个角度考虑，这说明齐长城不认同春秋时期的战争：如果春秋时期，甚至更早于春秋时期，有人修建了长城——尤其是沿山脊修筑长城——也绝对不会是出于战争防御的目的。

产生于战国晚期的象棋是仿效战争的游戏，象棋反映的就是攻城野战。"将军！"就是进攻方对遭受威胁的敌方王城，或者中军帐内的将、帅打招呼，就是提

醒对方"接招"的威胁性声明；其他影响双方力量增减的牵制、厮杀，就是野战——从中也看不到任何攻守长城的影子。

但是，战国时期的列国长城分明是出于战争防御目的而修建的，为什么这些长城的防御作用没有在象棋中体现呢？关于这个问题，需要结合战国时期的实战情况来回答。战国时期各国修建的长城显然是发挥过防御作用，进攻方一般不会选择长城作为攻坚对象，防守方用有限的兵力布防于长城，就可以放心地将重兵分派别的用场。这也就是各国长城的作用，即使没有经历过攻城的战事，各国长城的防御作用也是显而易见的。但是时间不长，当战场形势变化，长城之外的战场一旦出现漏洞而导致敌方杀入后方，长城的防御功能就立马失效。

回顾一下我们上节统计过的秦国将领对列国的屠杀流水账，就可以看到一个事实：秦国将领的那些屠杀没有一次是依靠针对长城的攻坚作战完成的。战争侵夺造成各国国界昨是今非，前沿、后方的界限已经打乱，有的甚至前、后倒置，当年列国花费钱财物力修建于前沿的长城，转眼之间都成了马其诺防线——这时候还可能有依赖长城的防守战吗？事实证明，出于战争防御目的而修建的列国长城，在实际战争中并没有自始至终发挥其预想的长期效果。

这是说的列国长城。至于齐长城——如果将它纳入战争视角观察——则从春秋时期直到战国时期的战争，从来就没有给它一次显示其防御功能的机会，这是齐长城与列国长城命运的重大差别。齐长城一相情愿地将防御对象锁定为南边的礼仪弱鲁和蕞尔小莒，而晋国、燕国和秦始皇却总是从西边进攻齐国。

在人为的战争视角下，齐长城举措失常，令人不解。这说明将齐长城置于战争目的的思考是错误的。

我们倾向将象棋产生的年代定在战国晚期，而不是中期，就是基于这一层考虑：设计象棋的人肯定是见识过列国长城的尴尬局面。所以象棋产生的年代一定是战国晚期。

笔者不敢确定，我们对围棋、象棋的考论是否全面成功。但是围棋、象棋游戏至少证明了齐长城的建造与战争无关。也就是说，无论齐长城修建于战国时期、春秋时期，还是早于春秋时期，它都与战争无关。这是令人兴奋的，因为既然与战争无关，这就等于将齐长城堵在一个狭窄的死胡同：齐长城肯定是为了战争之外的某种特殊需要而修建的。

看来要想识透齐长城的真相，就不能将思路仅仅局限于战争，也不能将眼光仅仅投射于战国时期。我们得试探向前翻页历史，看一看春秋时期，甚至更早的历史时期：看这些历史时期的各个方面——政治的、经济的、文化的，而不仅仅局限于战争——需不需要长城，如果需要，进而再看看当时建造的长城都派了什么用场。

第三章

管仲的富国韬略

管仲执政齐国将近四十年，是春秋时期举足轻重的人物。本书将齐长城确定为主要论证对象，齐长城是一个历史文化产物，所以我们需要反观历史，需要将视角从齐长城向周边辐射，尤其是向齐国辐射，而管仲作为齐国人，自然就进入了我们的视野。现代学者对管仲有不同的定位，而我们看好的则是管仲既有理论又有实践经验的政治经济学家身份。

我们今天见到的《管子》，最能反映管子富国策略及其经济思想的，有《巨乘马》①《乘马数》《海王》《国蓄》《山国轨》《山权数》《山至数》《地数》《揆度》《轻重甲》《轻重乙》《轻重丁》《轻重戊》等"轻重"诸篇。"轻重"诸篇内容繁杂，时有重复，而且衍文、夺文、错字层出不穷，不容易把握。笔者尝试理解其思想，分析其条理脉络，尽量将其要旨、要义向读者交代清楚。

笔者认为，"轻重"诸篇的要义大致有两个纬度的四个内容：一、钱币，或者说货币；二、谷物，五谷，也就是粮食；三、食盐，齐国的食盐与众不同，是海盐；还有第四点，是与前三者不同纬度的最重要的一点，就是国家把控。管仲认为，国家只要把控住钱币、粮食、食盐，调控好钱币与粮食、钱币与食盐之间的"轻重"关系，齐国就能繁荣富强，以经济领先的齐国就能在列国熙攘纷争的形势下胜出。

①尹注本作"臣乘马"臣字，据黎翔凤校注，宋本作巨，赵本作臣。墓志"矩"字或从矢、从臣。《说文》巨字，或作榘。"臣"字乃从"巨"字隶变而来。可知"巨""臣"皆规矩之矩，宋本作巨字乃假借"榘"字。黎氏校注是也，今从之。

一 管子对货币作用的认识

当年太公望的经济策略历经数代式微之后被管仲继承，并经过管仲的深化开拓而更显张力，齐国经济在管仲手中呈现腾飞之势，其余烈一直延续到田姓的威王、宣王时期。《史记·货殖列传》评价管仲之功，非常允当，云："其后齐中衰，管子修之，设轻重九府。则桓公以霸，九合诸侯，一匡天下。而管氏亦有三归，位在陪臣，富于列国之君。是以齐富强至于威、宣也。"

《史记·管晏列转》后面的"太史公曰"专门提到了管仲的著述："吾读管氏《牧民》《山高》《乘马》《轻重》《九府》……"裴骃《集解》引刘向《别录》："《九府》书民间无有，《山高》一名《形势》。"司马贞《索隐》云："按《九府》盖钱之府藏，其书论铸钱之轻重，故云轻重九府。"

"轻重"是个要紧的字眼，《索隐》说的这句"其书论铸钱之轻重"，可能涵盖面很大，并不限于具体的"铸钱之轻重"。我们认为，"轻重"的重点应当是管子经济学的理论体系，主要是论述钱币之作用，钱币与"万物"的"轻重"关系。

根据前人的解释而参以己意，笔者认为，管仲所设的"轻重九府"，除了作为贮存国家钱款的仓库（《索隐》："《九府》盖钱之府藏。"），同时还应当有这些意义：国家设不同的专门官府分别管理不同的经济产业，并负责对不同收入来源的钱财分别设立账目，这些官府就是"九府"。至于或有可能将各项收入的钱款、物资贮存于不同的仓库，这些仓库也是"九府"。但是"九府"的主要所指并不是这些仓库，而是管理各项经济产业的官府、官员。"九府"——"九"并非实数，极言其专职官府人员之多，所以叫"九府"。可见，重要的不是从《周礼》或者别的典籍按图索骥式地落实"九府"，即使得以落实于《周礼》，也未必合于管子当时的历史真相——管子可能只是借用更早于《周礼》的"九府"旧酒瓶装其经济韬略的新酿而已。

笔者引证以上资料，还想告诉读者：司马迁看过"管氏"的书，司马迁并不认为《管子》不可信。后世学者对《管子》一书，尤其是"轻重"诸篇，多有心存质疑者，或以为后世作伪，或以为好事者以己说掺杂其间。笔者于《管子》"轻重"诸篇浏览数过，再三疑信摇摆后，感觉其言标新立异，不落窠臼，或有浅人以己意改动，致使不可通者，然其书总体可信。《管子》一书，尤其是"轻重"诸篇，凡论钱币（《管子·轻重乙》篇甚至说过"通货"），论财物，论"轻重"关系者，皆自我作古，无所依傍——至少从传世典籍上看是如此，尤其不可多得。而且合于经济理论，既非好事者、也绝非浅人所能作伪。

我们相信司马迁，认为《管子》"轻重"诸篇，其书、其言足以反映其人的政治主张和超前的经济学思想，所以我们认为《管子》，尤其是反映其经典经济学思想的"轻重"诸篇，更值得信赖，值得倚重。

1. 管子的"轻重"理论

"轻重"理论是管仲对经典经济学的最大贡献。作为经典经济学术语的"轻重"，内涵丰富，包罗万象，在某种意义上说，"轻重"就是经济学理论、经济规律，涉及一切经济现象、一切经济问题，而且很多时候《管子》书中的"轻重"，其实是指国家总体经济实力本身而言。

《管子·揆度》有一段话，论"轻重之数"之不可穷尽，如环无端："若四时之更举，无所终。国有患忧，轻重五谷以调用，积余臧（藏）羡以备赏；天下宾服，有海内，以富诚信仁义之士。……彼轻重者，诸侯不服，以出战；诸侯宾服，以行仁义。"足可见"轻重"——包括"轻重"规律，以及国家经济实力的巨大作用。

"轻重"理论的前提是国家掌控：国家掌控钱币铸造，掌控五谷，掌控食盐。掌控了这三样，其余的就能相携而动，国家就能全面繁荣昌盛。《国蓄》篇主张"塞民之养，隘其利途"，目的就是为了铺垫国家掌控这个前提："故予之在君，夺之在君，贫之在君，富之在君。故民之戴上如日月，亲君若父母。凡将为国，不通于轻重，不可为笼以守民，不能调通民利，不可以语制为大治。"
可见，国家掌控是决定"轻重"理论能够贯彻执行的保证。

管子认为，在诸多商品之中，五谷是最重要的。《管子·乘马
数》篇提出"谷独贵独贱"的理念，对于这个理念，《乘马数》
随即解释说："谷重而万物轻，谷轻而万物重。"但是既然是"谷
独贵独贱"，就是强调五谷为主的作用：可以通过把控五谷，升降
五谷的价格调控"万物"价格的升降，但是反过来就行不通；也
就是说，五谷可以制约"万物"，而"万物"不能左右五谷。

关于五谷与其他商品的轻重关系，《国蓄》篇说得更详细。五
谷在《乘马数》表现为"独贵独贱"，在《国蓄》篇则被尊为
"万物之主"。《国蓄》篇说："凡五谷者，万物之主也。谷贵则万
物必贱，谷贱则万物必贵。两者为敌则不俱平。故人君御谷、物
之秩相胜，而操事于其不平之间，故万民无籍，而国利归于君
也。"①就商品的重要程度而论，五谷与其他商品好比主、客关系：
五谷为主，其他商品为客。主、客之间是相胜关系：五谷贵则其
他商品必贱，五谷贱则其他商品必贵。五谷与其他商品对等（"两
者为敌"），但是不可能出现绝对平衡状态（"则不俱平"，则字训
"而"）。为人君者把握五谷与其他商品互为贵贱、以次相胜的规律
（"故人君御谷、物之秩相胜"——"秩相胜"者，以次轮番相胜
也），永远在不平衡之中做买进卖出的生意（"而操事于其不平之
间"），就可以不必征税于民（"万民无籍"），而能够增加"国蓄"
（"而国利归于君也"）。

钱币与商品之间的关系，是管仲"轻重"理论的重点要义。
《管子·山至数》追忆桓公与管仲讨论经济，涉及"币乘马"。
在"币乘马"的话题下管仲说过一句话，可以概括管子对钱币与

①以上所引《国
蓄》篇的"故人君
御谷、物之秩相
胜"，旧注不知道
此"谷、物"是指
五谷、万物两者，
不是单指"谷物"，
遂以"积也"释
之。戴望《校正》
引王念孙："秩读
为迭。迭，更也。"
今从之。

"万物"（商品货物）之间微妙关系的认识。这句话就是："彼币重而万物轻，币轻而万物重。"

"币重"就是市场流通的钱币量少，钱币就重；在市场上流通的钱币多了，钱币就轻。所以钱币轻——也就是进入市场流通的货币数量多，则"万物"重（"万物"指货物言，《管子》书中也叫"财物"）——"万物"相对少，价格就高；钱币重——也就是进入市场的货币数量少，则"万物"轻——"万物"相对多，价格低，不值钱。

《山至数》的这句"彼币重而万物轻，币轻而万物重"，与《国蓄》篇的"谷贵则万物必贱，谷贱则万物必贵"，特别强调了钱币和五谷的重要作用。

管子的"轻重"理论是建立在市场经济基础上的，所以有时候可以把管子的"轻重"理解为商品的贵贱（本节开端所引《管子·揆度》云"轻重五谷以调用"，这"轻重"就是用如动词的"贵贱"）。《管子·国蓄》篇归纳商品贵贱的规律，说："夫物多则贱，寡则贵；散则轻，聚则重。"这是就"万物"而论"万物"（包括五谷），不是讨论"万物"与钱币的关系。从这番话可以看到，万物之贵贱是由两个条件决定的，一是多少，二是聚散：物多而分散，譬如分散于黎民百姓之手，就贱，就轻；物少而聚拢，譬如集中于国家掌控，或者被世卿大夫、富商掌控，就贵，就重。

管仲的"轻重"理论在当时是超前的，这一理论使得管仲经济理论独步当时，与习焉不察的世俗错误理念形成强烈的反差。譬如《地数》篇："桓公问于管子曰：'吾欲富本而丰五谷可乎？'管子对曰：'不可。夫本富而财物众不能守，则税于天下。五谷与丰，吾贱而天下贵，则税于天下。然则吾民长为天下虏矣。'"①

①上文所引《管子·地数》篇"五谷与丰"，尹注本作"五谷兴丰"，戴望《校正》云："兴当为与，说见《臣乘马》篇。"今从之。所引《管子·地数》篇"吾贱而天下贵"，尹注本作"巨钱而天下贵"，《校正》引俞樾说改。今从之。

管仲竟然对五谷丰登年景持警惕态度，初次接触这样的理念，令人一头雾水。而这正说明管仲"轻重"理论不仅是当时的制高点，而且对现在仍然有指导借鉴的意义。

五谷丰登之后，大量的谷物以分散的形势从四面八方突然涌入市场，造成"本富而财物众，不能守"——也就是"多则贱""散则轻"——的局面。而发生这种情况必然导致钱币重而"万物"轻的结局，具体说就是齐国的五谷贱的结果，这样的五谷丰登必然"税于天下"——必然成为天下打劫的对象，必然在市场竞争中彻底失败。[①]这就是后世说的谷贱伤农。在管仲看来，市场是考验"轻重"的唯一标准，尚未经过市场这一关考验的、单纯的"五谷与丰"，其是否"能守"、是否不被劫夺，都是未可知的，其"轻重"也是未可知的，所以不足恃。

当然，管子只是对泛泛而谈的"五谷与丰"持不认可态度，并不是反对"富本而丰五谷"，所以抽掉背景，片面认为管子抑农重商，其实是对管子的误会。

管子知道，丰年不常有，而且丰收年景五谷价格低落，田亩力作者未必获利，黎民百姓没有力量和积蓄应对荒年。对此，《管子·国蓄》篇提出相应的"轻重"措施："故善者委施于民之所不足，操事于民之所有余。夫民有余则轻之，故人君敛之以轻；民不足则重之，故人君散之以重。敛积之以轻，散行之以重，故君必有什倍之利，而财之櫎可得而平也。"管仲的经济措施往往以国君为口实，而这项以为国库、粮仓增加收入为借口的措施，能够保证黎民百姓在灾荒年景不至于因为饥馑而流离失所。

另外，"轻重"这个措辞，也包括钱币自身的价值分量，钱币本身可以分为上币、中币、下币三等，上、中、下币"轻重"不同，

① 《管子·地数》篇两次出现的"税于天下"。戴望《管子校正》引王氏，云"税当为挩，挩者，夺之假字也。"今从之。"夺于天下"者，"本富而财物众，不能守"，必然被天下劫夺也。

其作用也不相同。《管子·轻重乙》篇借癸度对周武王问，论及这个问题："金出于汝汉之右衢，珠出于赤野之末光，玉出于禺氏之旁山。此皆距周七千八百余里，其涂远，其至阸。故先王度用于其重，因以珠玉为上币，黄金为中币，刀布为下币。故先王善高下中币，制下、上之用，而天下足矣。"相同的说法也见诸《管子·地数》，不具引。

管子知道"上币"（珠玉）和"下币"（刀布）的不同作用，作为"上币"的珠玉其实并不实用，它只为少数人所追逐，珠玉对于一般人来说只是虚拟的高标，起到众望所归的作用；而刀布却是实际流通于市场的百姓日常花销用度，所以管子特别关心的是天长日久地流通于市场的刀布。

三币在握，管子善于利用"中币"（黄金），适时地抬高、降低黄金的价格（"善高下中币"），调控"上币"珠玉和"下币"刀布的价格比例，使"上币""下币"各行其职，而用各有当。

《管子》"轻重"诸篇向我们展示了管子的经典经济学思想宝库。在管仲看来，处处皆"轻重"，事事有经济，管子如数家珍般地向人们展示了形形色色的"轻重"视域，而当时满目盲点的精英很少有人理解管仲。若干年后，只出了一个欣赏管仲的人物，就是孔子。精英不苟合，真正的精英常在寂寞之中；所以当您看到数十号"精英"、百把个"著名"麇集握笑，移座撞盏，您得惊醒了：他们可能没有一个是真的。

2. 管子对货币杠杆作用的认识

《管子·山至数》："桓公问管子曰：'梁聚谓寡人曰：古者轻赋税而肥籍敛，取下无顺于此者矣。——梁聚之言何如？'管子对曰：'梁聚之言非也。彼轻赋税，则仓廪虚，肥籍敛，则械器不奉。械器不奉，而诸侯之皮币不衣；仓廪虚，则士贱无禄。外皮币不衣于天下，内国士贱，梁聚之言非也。'"

"轻赋税而肥籍敛"的主张似曾相识，老生常谈，胶柱鼓瑟，屡屡行之而无效，往往无效而行之，所以受到管仲的批判。驳回了梁聚的主张，管子随之提出的富国之策——乃是《山至数》篇的精髓所在：

> 君有山，山有金以立币，以币准谷而授禄，故国谷斯在。
> 上谷价什倍，农夫夜寝蚤起不待见。使五谷什倍，士半禄而
> 死君，农夫夜寝蚤起，力作而无止。彼善为国者，不曰使之，
> 使不得不使；不曰贫之，使不得不用。故使民有不得不使
> 者——夫梁聚之言非也。①

《山至数》的这番话，也见于《揆度》篇，云："故善为天下
者，毋曰使之，使不得不使；毋曰用之，用不得不用也。"对于
《山至数》云"不曰贫之"和《揆度》篇云"毋曰用之"，戴望
《校正》引王氏，认为当以《揆度》篇为正。笔者认为，《山至
数》与《揆度》篇，一云"不曰贫之"，一云"毋曰用之"，有互
文互补之妙："贫之"正好便于"用之"——《管子·国蓄》篇
就说过"夫民富则不可以禄使也"的话，所以《山至数》《揆度》
篇用各有当，不必以《揆度》篇为优。

"山至数"的精义是"以币准谷而授禄"，这一措施的根据就
是钱币和五谷的"轻重"关系，而两者的"轻重"变化，体现了
钱币的杠杆作用。五谷"独贵独贱"，是人们天长日久不可或缺的
物品，而钱币则是可以以少御多的砝码。管仲的办法是开山炼铜
而铸币，用所铸钱币收买农民的谷物，这样，农民生产的粮食多
数进了国库（"故国谷在"）。国家就能够以谷物价格为准、折合
钱币发放官员的俸禄。粮食既然被国家掌控，国家只要提高谷物
价格十倍（"上谷价什倍"），就能激励农民早起晚睡；而兵丁武
士的饷钱五倍于前——相对于"上谷价什倍"，这还只是"半
禄"——就已经被激励得奋不顾身，不惜立不旋踵地为国事赴死。

① 上引《山至数》
"故使民有不得不
使者"，尹注本原
作"故使民无有不
得不使者"，前人
皆读之不可通，戴
望《管子校正》引
丁氏，以为"不得
不使"当作"不得
不用"，更不着边
际。其实此句之所
以不通，只是因为
衍一"无"字：
"故使民无有不得
不使者"的"无"
字是传抄过程中误
加的。

总之，《山至数》的要义在于一个"不得不"（"不得不使""不得不用"），而钱币的"轻重"功能、杠杆作用正可以实现"不得不"的理想局面。可见，所谓"不得不"，就是"轻重"规律和钱币的杠杆撬动使然："士半禄而死君，农夫夜寝蚤起，力作而无止"，都是在钱币杠杆撬动下的"不得不"反应。这就是规律，不得不然，所以《山至数》总结说："故使民有不得不使者。"

《管子·国蓄》篇："五谷食米民之司命也，黄金刀币民之通施也。故善者执其通施，以御其司命，故民力可得而尽也。"这反映了钱币撬动五谷"轻重"的作用。管子认为，可以用钱币这个杠杆（"执其通施"）撬动五谷价格的升降（"以御其司命"），调动黎民百姓逐利心理，使之劳作不止。

《轻重乙》有类似的话："故五谷粟米者民之司命也，黄金刀布者民之通货也。先王善制其通货以御其司命，故民力可尽也。"《轻重乙》的"通货"就是《国蓄》篇的"通施"。见诸《管子》的这个"通货"直到现在仍然充满活力，这个至今通行的经济学术语，令人想见管仲经典经济学深入人心的程度。

"故民力可得而尽也"，"故民力可尽也"，说明钱币的杠杆作用归根结底是通过撬动人心实现的。所以，国家需要维持市场适当的"币重"态势，所谓适当，就是恰到好处。《揆度》篇说："币重则民死利，币轻则决而不用。故轻重调于数而止。"[1]管子希望尽其"民力"，但是并不希望百姓"死利"丧生，所以需要国家调控钱币之"轻重"程度——"调于数而止"。

管仲的货币理论，以及他对货币杠杆作用的超前认识，在尔后一两千年间一直耐人寻味而奥妙无穷，令后世学者望尘莫及。——顺便说，《山至数》所说的货币理论，尤其是他对货币杠

[1] 尹注本以"币重则民死"断句，以"利"字属下句。诸家无说。今正之。

杆作用的认识，高屋建瓴，是企足仰望者照抄不来的，所以也就很难作伪。

3. 管子的"三权"理念

《管子·山权数》篇提出"三权"理念："天以时为权，地以财为权，人以力为权。"[1]"三权"理念道出了管子经济策略的本质："故平则（不如）不平，民富则不如贫，委积则虚矣。——此三权之失也已。"[2]只从字面上看，《山权数》的"三权"其实就是对传统的"三才天地人"的经济学解释，这正如儒家将"三才天地人"解释为天时、地利、人和。经济学家和儒家都需要借传统的旧包装寄托自己的新理论、新主张。

"人以力为权"的说法，与见诸《国蓄》篇的"民力可得而尽"，以及见诸《轻重乙》的"民力可尽"，如出一辙，可以看到管子对黎民百姓的态度。所以，我们在赞美管仲的经济学策略的时候，想象齐国在管仲治理之下经济腾飞、国库充盈、黎民不饥不寒的时候，不要忘记一点，就是管子并不希望黎民百姓人人家家都过上财富充盈的生活。

诚然，《管子》书中不止一次说过"仓廪实而知礼节"，如《事语》篇说："彼善为国者，壤辟举则民留处，仓廪实则知礼节。"《轻重甲》篇说："国多财则远者来，地辟举则民留处，仓廪实则知礼节，衣食足则知荣辱。"但是管子理想的百姓居家"仓廪实"，只在温饱的水平上，百姓居家温饱了，自然就"知礼节"。但是管子并不希望居家百姓财富充足，因为财富充足了，人民就不再尽力劳作了。而且所谓"礼节"，也并不是现代人理解的彬彬有礼，而是一整套等级制度，人们在各自的等级里各尽其职，包括出于感恩心情而对国家履行的各种义务等，这就是"礼节"。黎民

①《山权数》紧接"三权"后还有一句"君以令为权"，但是在管仲与桓公的交谈中反复说到的则是"三权"。
②尹注本作"故平则不平"，诸家无异辞。今以文义度之，知流行本盖夺"不如"二字。说见下文。

百姓知道了这些"礼节",就会尽其力而劳作。

《山权数》中说"民富则不如贫",而且说这是"三权则失"之一。这似乎与通常理解的管子形象很不一致,其实却是管子的一贯主张。管子是主张"富之在君"的(《国蓄》篇,已见前引),"民富"则是对君权的僭越,会导致国家不能尽其民力,所以管子并不希望"民富",而是希望黎民百姓维持在"衣食足"的水平线上,但是不能钱财充溢。

只就"三权"而论,"民富"首先与"人以力为权"不侔:人以"力"为权,并不以"富"为权。换句话说,"民富"使得"人以力为权"的"人权"丧失,而管子的策略则是"民力可尽"。所以说"民富则不如贫"。

"民富"不仅使得"人权"义务丧失,造成"人权"失职,同时也是"人权"对"地权"的侵夺,这种侵夺削弱了"地以财为权"的"地权":"民富"将不由"地权"做主,这意味着"地以财为权"的"地权"失职,导致地的"委积"被"民富"占据——地之"委积则虚矣"。

同样道理,"民富"也侵犯了"天权"。所谓"天以时为权","时"就是春夏秋冬四时变化,四时变化就是"天权"。四时变化表现为冷热风雪雨露不等,如果四时冷热风雪雨露均等,就不如不均等。所以对天时而言,"平"就是"天权"丧失,所以"平则不如不平"。"民富"使得人不欲尽其力,四时之平与不平皆不能使人尽其力,这是"人以力为权"对"天以时为权"的侵犯,所以导致天时失效,"天权"失职。

由"民富"导致人权、地权、天权俱失,所以《山权数》说"三权则失也已"。

管子首先是为国家谋划,为国家谋划的同时,当然也要考虑黎民百姓生计。但是,管子将黎民百姓的富裕程度限制在"衣食足"的范围,不希望黎民百姓在钱财上富裕,如果百姓钱财富裕,无求于国家,他的经济策略就行不通了("夫民富则不可以禄使也",已见前引《国蓄》篇)。"平则不如不平",管子的"轻重"

理论，以及他对货币的杠杆作用的认识，是建立在国富而民不富的不平等基础之上，是在黎民百姓普遍免于饥寒但是财力物力（尤其是钱财）有限的形势之下才能奏效的，是在国家全面掌控货币和主要生活物资（五谷、食盐等）的前提之下才能实现的。

4. 管子的"沟渎"——"平准"比喻

《揆度》篇云："五谷者，民之司命也；刀币者，沟渎也；号令者，徐疾也。""刀币"最初是齐国独有的货币，"刀币者，沟渎也"的比方以其浓重的地域方国色彩给人以深刻印象。管子能够驾轻就熟地疏导货币这条"沟渎"，使之川流不息。"号令"是国家发号施令，国家的号令导致市场风向，影响五谷、刀币之"轻重"高低变化。"沟渎"的水位有高有低：号令疾则水位高，水位高譬如刀币轻而财物重，则谷物价高；号令徐则水位低，水位低譬如刀币重而财物轻，则谷物价低。

《管子·地数》篇有对"号令"的一番描述：

> 桓公问于管子曰："吾欲守国财，而毋税（按：税字读为"夺"）于天下，而外因天下，可乎？"管子对曰："可。夫水激而流渠，令疾而物重。先王理其号令之徐疾，内守国财，而外因天下矣。"……桓公曰："为之奈何？"管子对曰："武王立重泉之戍，令曰：'民自有百鼓之粟者不行。'民举所最粟，以避重泉之戍。而国谷二十倍，巨桥之粟亦二十倍。武王以巨桥之粟二十倍而市缯帛，军五岁毋籍衣于民。以巨桥之粟二十倍而衡黄金百万，终身无籍于民。——准衡之数也。"

管子说的"水激而流渠，令疾而物重"，就是以"沟渎"打比方，而配合以国家"号令"，"号令"激荡"沟渎"之水流，就能收到"内守国财，而外因天下"的效果。管子假设了武王当年的"准衡之数"（《管子》书中多处说过"准衡"），是为了给自己的"沟渎"比方提供依据，其实"准衡之数"未必出自武王，而很可能是与"沟渎"比方相伴生的，是管子"沟渎"比方的自然衍化。

《管子》书中常见"准平"，就是《地数》篇说的"准衡"。《国蓄》篇有云："凡轻重之大利，以重射轻，以贱泄平。万物之满虚，随财准平而不变，衡绝则重见。人君知其然，故守之以准平。""准平"就是维持钱币与万物之间的"轻重"基本平衡——当然，就像五谷与万物之间"两者为敌则不俱平"（已见前引《国蓄》篇）一样，钱币与万物之间的绝对平衡也是不可能的——而避免发生"横绝"。"横绝"就是平衡严重失调的现象，"横绝"需要避免，因为随"横绝"其后的就是"重见"。"重见"就是市场没有货物，积压的钱币丧失作用；或者货物积压，民间无钱可以购买——钱币与万物之间的"轻重"规律也就不存在了。

"准衡"就是"准平"，"准平"两字前后倒置，就是后来司马迁说的"平准"。

"沟渎"的比喻是管仲首创的。这个准确、形象的比喻被后人认可继承，于是有了西汉"平准令丞"的官职，于是有了《史记》《平准书》之名目。——"平准"就是从基于"沟渎"比方的"准衡之数"来的。《说文》释准字："平也。"释水字："准也。"所以"平准"就是和缓的流水，流水有时而激荡，就是管子说的"夫水激则流渠"的"沟渎"。

汉代的"平准令承"是大司农的属官。《史记·平准书》《索隐》解释"平准令丞"，并从而解释"平准"："大司农属官有平准令丞者，以均天下郡国转贩。贵则卖之，贱则买之，贵贱相权，输归于京都。故命曰'平准'。"汉代的军费开支主要依靠大司农，所以漕运也归大司农，平准令丞则具体负责漕运税收。

这说明管子的经济学理论影响了汉代的经济学界，汉代的"轻重"家们都奉管子的经济学说为经典学说。

被管子比作"沟渎"的刀币，是齐国特有的。传世的齐国刀币被后人称之为"齐刀"，大方厚重，是当时齐国经济实力的象征。其他各国的钱币，名布若铲者，皆细小轻浮，中气不足，不能与"齐刀"相比。

5. 关于"肥籍敛"和"诸侯之皮币不衣"的补充说明

《管子·山至数》："桓公问管子曰：'梁聚谓寡人曰：古者轻赋税而肥籍敛，取下无顺于此者矣。——梁聚之言何如？'管子对曰：'梁聚之言非也。彼轻赋税，则仓廪虚，肥籍敛，则械器不奉。械器不奉，而诸侯之皮币不衣；仓廪虚，则士贱无禄。外皮币不衣于天下，内国士贱，梁聚之言非也。'"（已见前引）

关于"肥籍敛"和"诸侯之皮币不衣"，前辈学者的认识未必允当，笔者不得已而有所赘言。

"肥籍敛"，戴望《管子校正》引丁士涵，以为肥字假借俷，而俷字训薄，"肥（俷）籍敛"就是薄籍敛，就是减轻对手工作坊的税收。笔者从《山至数》这节看到的是，梁聚主张重农抑工，所以要加重工匠的税收，但是管子并不同意梁聚的主张。管子重视粮食生产，同时也重视钱币的作用，在管仲的"轻重"理论视域范围，孰轻孰重是可以把控的。所以无论农业，还是手工作坊，都是可以为齐国带来经济利益的，都是能挣来钱的，两者都不可贬抑。管子以"肥籍敛"与"轻赋税"相提而论，说明对作坊的"籍敛"和对田亩的"赋税"两者是同等重视的，管子既不同意不合时宜地"俷籍敛"——薄籍敛，也不同意不合时宜地"肥籍敛"。而就《山至数》的文义来看，管子不同意的是梁聚主张的"肥籍敛"，也就是说，管子不同意在不合时宜的情况下加重对手工作坊的税收。

所以，以肥字的肥厚、厚重意义完全可以说通此处的"肥籍敛"，而且完全符合管子的经济思想，完全符合《山至数》的原意，所以也就没有必要将"肥籍敛"的肥字读为一个与《管子》原意明显相左且难得一见于典籍的"俷"字——对不对都很难说。

"诸侯之皮币不衣"，"不衣"也令人不解，而衣字，注释家大多语焉不详。今谓："诸侯之皮币"就是送给各国诸侯的礼物，通观全句，衣字当读为殷。《说文》释殷字："作乐之盛称殷。"引申之，则凡富庶、丰盛、盛大等也可以称"殷"。所以管子说的"诸侯之皮币不衣"就是"诸侯之皮币不殷"——送给各国诸侯的礼物不丰盛，不厚重。

当年发生于甲子日昧爽的那次致使战地"流血漂杵"的武王伐纣，对待这一重大历史事件，不同典籍有大致相同的表述，但是用字却不尽相同。《尚书·周书·武成》云："陈于商郊，俟天休命……一戎衣天下大定。"《礼记·中庸》的表述是"壹戎衣而有天下"，《左传·宣公六年》记载晋国中行桓子引《周书》，则曰"殪戎殷"。可见，殷字可以假借衣字——上古殷字影纽、文部韵，衣字影纽、微部韵，二字音零声母双声，韵部阴阳对转，可以互相假借，所以"诸侯之皮币不衣"就是"诸侯之皮币不殷"；"外皮币不衣于天下"就是"外皮币不殷于天下"。

二 管子的"籍于"思路，以及基于"籍于" 思路的经济阴谋

管子对于农业、工商的赋税、籍敛，并没有一定的倾向性：他既不重农抑商，也并非重商抑农。一切看时机、看效果、看机遇，这就是他精熟于心的"籍于"思路（"请籍于时"等等）。"籍于"思路拓宽了管仲"轻重"理论、"沟渎"比方，以及对货币杠杆作用等的适用范围，而且更富有机动灵活性，更便于实际把控。

这一节说管子的"籍于"思路，举例则侧重于政务，侧重于管仲对处于竞争关系，或者敌对状态的各诸侯国的经济应对措施。

我们从《管子》书中总能看到阴谋，这些阴谋的基础往往就是管子的"籍于"思路，譬如"请籍于时"，以及"煮沸水以籍于天下"等等。"请籍于时"就是等待机会，借机行事；"煮沸水以籍于天下"就是以斥卤之水煮盐，以等待机会卖给普天下人。我们还能看到，这些"籍于"的阴谋，有行之于本国者而对黎民百姓无伤，也有行之于诸侯国者，目的在于削弱诸侯国而招徕各国百姓。《轻重戊》篇有管子教桓公如何削弱鲁国和梁国的阴谋："鲁、梁之民俗为绨。公服绨，令左右服之，

民从而服之。公因令齐勿敢为，必仰于鲁、梁，则是鲁、梁释其
农事而作绨矣。"①然后齐国高价购买鲁国、梁国的线绨，鲁国、梁
国的国君见有利可图，遂"教其民为绨"。鲁国、梁国因为制作线
绨而耽误了农时，导致国内谷价腾昂。此时，管仲对桓公说：
"鲁、梁可下矣。"在鲁国、梁国百姓以十倍、百倍的价格购买谷
物以求果腹的时候，齐国以十钱的价格出售给异乡灾民，鲁国、
梁国的大半人口流入齐国，成为齐国的子民（"鲁梁之人籴十百，
齐粜十钱。……鲁梁之民归齐者十分之六。"），齐国的力量自然壮
大起来。行事三年，"鲁、梁之君请服"。

　　管仲用同样的方法施之于莱国、莒国，也见诸《轻重戊》篇。
管仲教桓公"铸庄山之金以为币"，而提高铸币所用木柴的价格，
莱国、莒国"释其耕农而治柴"；而齐国却暗中委派隰朋督促本国
的农业生产。两年后，当莱国、莒国百姓眼看着柴草垛积如山，
后来居上，梦想发达后的小日子如何开交的时候，桓公却突然停
止了铸币。失去了齐国的市场，堆积的柴草换不来钱，而谷物价
格日益高涨，齐国则趁机压低谷物价格以招徕流民，慌腹的莱国、
莒国百姓纷纷絜妇将雏来到齐国糊口，莱国、莒国的国君不得不
服输："莱、莒之籴三百七十，齐粜十钱。莱、莒之民降齐者十分
之七……莱、莒之君请服。"

　　《轻重戊》篇还有管仲对付楚国的"战斗之道"，是最精彩的
"损招"："为百里之城，使人之楚买生鹿。……管子告楚之贾人
曰：'子为我致生鹿二十，赐子金百斤。'什至而金千斤也，则是
楚不赋于民而财用足也。楚之男子居外，女子居涂……楚以生鹿
藏钱五倍。……因令人闭关不与楚通。"赚足了钱的楚国人兴高采
烈了一阵儿，而楚国的粮荒在管子的意料之中如期爆发了（"楚籴

①管子相齐时还没
有梁国。《管子》
其书或可能有管仲
学派回忆追加的内
容，不免混入后世
措辞。除了《轻重
戊》的"梁"，《地
数》篇还说到"南
输梁、赵"，都是
后世回忆追加的内
容。但学者或以此
否定《管子》其书
的真实性，却是不
妥当的。

四百"），齐国当即派人将粮食运到荤地以南（"齐因令人载粟处荤之南"），低价出售以吸引饥民。管仲对楚国的"战斗之道"很快奏效：楚国人口十分之四投奔齐国觅食，成为齐国子民。楚国国君原想以生鹿买卖做空齐国"九府"的幻想破灭，只得认输："三年而楚服"。

管仲还曾经特邀周天子参与他的"籍于"游戏。春秋时期的天子已经有名无实、形同摆设，但是管仲从另一端看到的却正是周天子的虽然无实却仍然有名，于是想借用一下这件名流摆设，也顺便给可怜的周天子谋点福利。《轻重丁》篇说管仲谋划让天下诸侯朝觐周天子，被牵线的周天子遂下令诸侯朝觐者一律佩戴彤弓、石璧，"不以彤弓、石璧者，不得入朝"，诸侯被仪式感吸引而纷纷前往朝觐，各自携带了足够数量的随行团队人员，所需彤弓、石璧当然不是小数。齐国则事先建造了"其墙三重而门九袭"的阴里城，在城中秘密制造了大量各种规格的石璧，这些石璧后来全部售罄，而且价格高昂："尺者万泉，八寸者八千，七寸者七千。"与石璧配套的还有石珪、石瑗："珪中四千，瑗中五百。"结果管仲的经济阴谋获得了圆满成功："天下诸侯载黄金、珠玉、五谷、文采、布帛输齐，以收石璧。石璧流而之天下，天下财物流而之齐。"①

正如管仲的其他策略一样，这是一个不易觉察的阴谋，或者即使觉察了也教人无话可说。因为管仲借周天子之口下达的朝觐令，入朝者除了佩戴石璧，尚有彤弓，而齐国并不供给诸侯朝觐用的彤弓。管仲用"彤弓"掩护了"石璧"，出售彤弓的赚头就让别的诸侯国分享吧，而"石璧"却是齐国的一家专利。

这就是所谓"石璧谋"。因为石璧秘密制造于阴里，亦称"阴

① 上引文"布帛（输齐）"，尹注本误作"布泉"，戴望《管子校正》引王念孙，正之为"布帛"。今从之。

里之谋"。

阴里，旧注含混言之，曰："阴里，齐地也。"既然秘密行事，"其墙三重而门九袭"，管仲当然不会将地点选在国外。关于"阴里"，我们将在后文说到。

需要补充说明的是，虽然管仲的阴谋近乎兵家的"诡道"，但是他只是将这些"诡道"用于经济以及政治，而唯独不用于战争——而且管子是反对在战争中使用"诡道"的。

在管子执掌齐国国政的几十年间，齐国并没有参与过大规模实质性的战争。从发生在鲁僖公四年的那次齐桓公伐楚，可以看到管仲虽然义正词严，但只是就往事而论是非，却并不希望激怒楚国，不希望真正打起来。整个的伐楚之战没有任何"诡道"，几乎就是对《管子·兵法》篇这番话的践行："乱之不以变，乘之不以诡，胜之不以诈。"

还有就是，管仲的经济阴谋谑而不虐、损而不杀，而且往往带有一点诙谐的滋味，令事后的局外人念念不忘其智慧。旧时齐人的智慧往往狡黠参半，与《管子》的谋略相仿佛而等而下之，或许就是管仲遗风。

话及此，令人自然想到齐人的"好礼"。《管子·山至数》管子批判梁聚的"轻赋税而肥籍敛"主张（已见前引），认为这会导致"诸侯之皮币不衣"——送给各国诸侯的礼物不丰盛的后果。《左传·僖公七年》有管仲提醒齐桓公向同盟各国诸侯分赠地方特产的情节："齐侯修礼于诸侯，诸侯官受方物。"这与《管子·山至数》所云如影随形：《左传》说分赠予会诸侯"方物"，《管子》云赠送各国诸侯"皮币"，这两者正好可以互相印证。

齐人"好礼"，往往偏颇于物质钱财，而且齐人特擅长官场行贿（这在《左传》多有证据，文繁不具），缘脉追踪，有可能也是管子遗风之一偏。但是古来齐地多君子，出淤泥而不染者亦不鲜见，可见主要还在各人品格、出身门第等。诸君念之，慎之。

三　管子的海盐文章

1. 太公望对海盐生产的贡献

春秋、战国时期，齐国一直是大国、富国，而且一度称霸，后来虽经数次战败于晋国，一战而几乎灭于燕国，却是一直示强于鲁国、莒国。

齐国之富强是从姜太公奠定的基础，《史记·货殖列传》记载其事，云："太公望封于营丘，地泻卤，人民寡。于是太公劝其女功，极技巧，通鱼盐，则人物归之，繦至而辐辏。故齐冠带衣履天下，海岱之间敛袂而往朝焉。"

"通鱼盐"是太公望振兴齐国经济的重要策略之一，这在《货殖列传》虽然只是一笔带过，却也能看出，"鱼盐"业已经是与"女功""技巧"并列的齐国两大支柱产业之一。两大支柱产业促进了商业蓬勃发展，运载着货物的商贾和身怀各种技巧的工匠纷纷奔赴齐国（"人物归之"），齐国的工匠作坊以及家庭女功纺绩、编织、缝纫产品远销诸侯各国（"冠带衣履天下"）。

太公望"通鱼盐"的举措，在后世记忆里只剩下"盐"，不记得"鱼"了。这跟《礼记·玉藻》说的那句"年不顺成……大夫不得造车马"的语言效果差不多：古代灾荒年景，大夫不准"造车"，这道禁令由"车"而捎带了"马"，其实无论年景丰歉，也无论官品高低，任大夫谁谁也"造"不出"马"来的。相形之下，当年太公望之"通鱼盐"，其实重点就是一个"盐"——"鱼"自然也是"通"的，但是与"盐"相比，其重要性不可同日而语。所以后世只记得太公望和盐的关系。

《史记·齐太公世家》："太公望吕尚者，东海上人。"日本泷川资言《史记会注考证》引《正义》："按：苏州海盐县有太公宅及庙。其县临海，故云东海。""东海上"范围很大，并非正对一个海盐县，所以海盐县人为太公望立宅修庙，是别有意味的。首先可以肯定这是向姜太公表示敬意，但是时过境迁的海盐人为什么单单向姜太公致意？这也是值得探讨的。

可以这样设想：以"海盐"命名的县必定盛产海盐（民国时候海盐县有鲍郎、海沙两处盐场，见陈沧来《中国盐业》），滨海人民世代以海盐为生计，他们当然希望海盐生意日渐红火；既然希望生意红火，他们就会积极地从历史上物色一个有身份势力、还得与海盐生计有关的大人物保驾护航，于是他们选择了姜太公。希望海盐业发达，而选择姜太公，为他建宅立庙，证明姜太公对海盐事业贡献巨大。姜太公的事迹，尤其是一些史乘失载的事迹、传说，肯定为海盐人世代传颂。譬如在他们的记忆中，太公望乃是盐业行当的祖师爷，当年莱夷人的海盐可能就是以比较合理的价格卖给太公望的。与发明煮海盐（煮海水为盐）的宿沙有关却又不同，姜太公是海盐事业的发展者，主要是在海盐生意的开拓方面。所以海盐人是把姜太公当作海盐业祖师爷供奉的。

作为谋生手段，各种行当都有各自的祖师爷。盐业行当也应当有其祖师爷，但是过去人们不知道盐业行当的祖师爷是谁。纪晓岚《阅微草堂笔记》介绍过几种特殊行当的祖师爷，如梨园行以唐明皇为祖师爷，娼妓行以管仲为祖师爷，长随行（旧官员雇的跟班）以钟三郎（中山狼）为祖师爷，可惜没有说到盐业行当。从海盐县供奉姜太公的现象来看，这个行当的祖师爷非姜太公莫属。

"四岳"之后的太公望未必就是海盐县人，海盐人也不是旨在认老乡，他们供奉的是祖师爷，是衣食父母——正如普天下的木匠皆认鲁班为祖师爷，但是普天下的木匠却没有必要争认鲁班为老乡——海盐人是做海盐生意的，他们供奉姜太公，是寄希望于太公的在天之灵，保佑他们的海盐生意累世兴隆。

可见，太公望当年的"通鱼盐"文章，重点只在一个"盐"字。

2. 管子的"官山海""正盐策"

《货殖列传》提到齐国依靠管仲而再度富强，而对管仲的富国策略并没有深入膝理的说明。所以要想深入了解管仲的经济思想，只能求助于《管子》，而翻卷《管子》"轻重"诸篇，可以随处看到管子针对渤海而做的海盐文章。与当时的诸侯各国相比，齐国的主要特点是濒临渤海，就是《管子·轻重丁》篇所谓"衍处负海"，就是《尚书·禹贡》篇所谓"海滨广斥"。这就是管子海盐文章的基础。

渤海出产鱼，这不是渤海的特点，因为江河湖海也都出产鱼。渤海海滨出产盐，但不是所有的江河湖海都出产盐；尤其重要的是，并不是所有的滨海之地都出产盐，这是渤海的特点。在当时，而且在管仲之前、尔后的很长时间内，只有青州北部的渤海滩涂，也就是《货殖列传》所谓"泻卤"之地盛产海盐，其他滨海而非滩涂"泻卤"之地并不出产海盐。内陆也有出产盐的地方，但是内陆地区不会出产海盐，其产量、质量都不能与渤海之滨滩涂之地出产的海盐相比。所以，面对渤海的海盐，管仲做的还是当年太公望海盐的旧文章，不过较之当年，管仲的海盐文章可以算是巅峰之作。

在管仲执掌齐国国政的中期，齐国的盐业生产、销售大部分已经在国家实际掌控之中，只有少量零散煮盐滩点还在莱夷人手中。所以此前此后，管仲的眼光一直都盯着渤海滩涂的海盐局势。这是历史事实，在《管子》"轻重"诸篇皆有程度不同的反映。

譬如《管子·海王》篇。《海王》篇以管仲与桓公的对话开始：

> 桓公问于管子曰："吾欲藉于台射，何如？"管子对曰："此毁成也。""吾欲藉于树木。"管子对曰："此伐生也。""吾欲藉于六畜。"管子对曰："此杀生也。""吾欲藉于人何如？"管子对曰："此隐情也。"桓公曰："然则吾何以为国？"管子对曰："唯官山海为可耳。"[1]

类似的对话也见诸《管子·轻重甲》篇，文繁不具。

管子以"官山海"的宏观策略，完全无视零敲碎打的小识小见，否定了对诸如台榭、宫室、树木、六畜、人口征收赋税的错误办法。

[1] 上引《海王》篇的"台射"，尹注本原作"台雉"，戴望《校正》引王念孙，正之作"台射"，射，读为榭。今从之。

见诸《管子·海王》篇的"官山海",就是国家掌控山、海,当然也就掌控了山产的铜铁和海产的鱼盐,在此基础上,国家通过盐官(也有铁官,但主要是盐官)巧妙地于不知不觉之中逐渐提高海盐价格及征税率;与此同时,国家颁布政令限制滨海地区黎民百姓煮盐。《管子》把这一系列办法叫作"正盐策"。

《管子·海王》篇和《地数》篇都说到了"正盐策"的具体实施办法,《地数》篇说:"十口之家,十人舐盐,百口之家,百人舐盐。……盐之重升加分耗而釜五十,升加一耗而釜百,升加十耗而釜千。君伐菹薪,煮沸水为盐,正而积之三万钟。至阳春,请籍于时。……阳春农事方作,令民毋得筑垣墙,毋得缮冢墓。大夫毋得治宫室,毋得立台榭。北海之众毋得聚庸而煮盐。"①

"官山海""正盐策"等配套策略都是建立在国家基本掌握海盐生产和销售权的基础之上的,这些策略促进并且加强了国家对海盐生产、销售的全面垄断。

"海王"读为"海旺",顾名思义,就是依靠海产而求兴旺发达,差不多就是现在说的发展层面的、而非果腹层次的"靠海吃海"。管子将齐国命名为"海王之国",意思就是可以利用海产经济而求兴旺发达的国家。对于齐国来说,与众不同的海产就是海盐。

我们在前边说过管子的"轻重"理论,以及他对货币杠杆作用的超前认识,这些认识不可能产生于"逐什一之利"的农业经济基础上的传统商业模式。那么,他的这些超前的商业认识是从哪里来的呢?从管仲的"官山海""正盐策"来看,答案似乎就是海盐。海盐的销售价格与生产成本之间的巨大落差,促成了管子

①上引《地数》篇"舐盐",尹注本原作"咶盐"。戴望《管子校正》:"《太平御览·饮食部》三十二引,咶俱作舐。"今按:咶、舐,异体字也,而舐字常用,故笔者引文据《校正》改从《御览》。所引"大夫",尹注本原作"丈夫",戴氏《校正》据洪氏说改。今从之。

"轻重"理论和对钱币杠杆撬动作用的超前认识。

3. "籍于时","煮沸水以籍于天下"

《管子·地数》篇有针对周武王"重泉之粟"话题的一番问答,对于了解管子的富国策略意义重大:

> 桓公问于管子曰:"今亦可以行此乎?"管仲对曰:"可。夫楚有汝汉之金,齐有渠展之盐,燕有辽东之煮。此三者亦可以当武王之数。……君伐菹薪,煮沸水为盐,正而积之三万钟。至阳春,请籍于时。"桓公曰:"何谓籍于时?"管子曰:"阳春农事方作,令民毋得筑垣墙,毋得缮冢墓,大夫毋得治宫室,毋得立台榭,北海之众毋得聚庸而煮盐。然盐之贾必四十倍。君以四十之贾,循河济之流,南输梁、赵、宋、卫、濮阳。恶食无盐则肿。守围之本,其用盐独重。君伐菹薪,煮沸水以籍于天下,然则天下不减矣。"①

国家组织人力芟除海边的蒿莱杂草,用以"煮沸水为盐"——就是煮斥卤之水为盐。国家随时征集渤海滩涂一线各处生产的海盐,坨积至三万钟,然后等待时机。时机就是"阳春农事方作"之时,此时也正是煮盐的好时机,国家以妨碍农事为借口,禁止民间煮盐。因为"北海之众毋得聚庸而煮盐"的禁令是与"毋得筑垣墙"等一系列禁令一并颁布的,所以政府的真正意图百姓并不知情。这就是管子所谓的"请籍于时":"籍"读为借,就是借用、借机、借势、借力……无不可借,甚至是借口——"阳春农事方作"就是禁止民间私自煮盐的最好借口。

齐国趁机顺着(循)黄河、济水将早就储备好的三万钟海盐销往西边、南边的梁、赵、宋、卫、濮阳。肉食不足而只靠瓜菹

① 上引《地数》篇"循河济之流",尹注本原作"修河济之流"。戴望《管子校正》据《太平御览》所引《管子》,定其字为"循"。今从之。

蔬菜的人家，缺少了食盐就会浮肿。所以，齐国作为一个不求向邻国诉诸武力的保守国家（"守圉之国"）来说，想要谋求发展必须特别看重盐。

诸家解释"浘水"皆语焉不详，或以为浘水即淄水，或以为浘水即济水，浘字与济字、淄字属同音假借——这些认识都是错误的。《说文》有子礼切的浘字，音 jǐ，释云："沇也。东入于海。"有沇字："水出河东东垣王屋山，东为浘。"有济字："水出常山房子赞皇山，东入泜。"而无论济水、浘水，还是淄水，都不会煮出盐来的。

笔者提请读者注意：食盐不是从任何河水里煮出来的。所以《管子》诸篇说的"煮浘水为盐"皆与河流无关，能够煮盐的"浘水"，既不可能是"沇也。东入于海"的"浘"，也不可能是"淄水""济水"。而且这个能够煮盐的"浘"字既不读 zǐ，也不读 jǐ，而是读 chì，与河流意义的浘水、淄水、济水的浘、淄、济，毫无关系，从来不是同音字。

《管子》的"浘水"本来应当是"斥水"。盐碱地称"斥卤"，斥、卤连用，卤字或加水旁作潞，连带斥字亦加水旁作泝——"斥卤"就成了"泝潞"，"斥水"也就成了"泝水"。

潞字连带斥字增加水旁作泝，这就如同"息妇"（儿媳妇）的"息"字受"妇"字影响，加女旁作"媳"，于是"息妇"就成了"媳妇"；"媳妇"转移为妻子，所以原来的"息妇"就得说"儿媳妇"了。汉语双音词的书写经常会发生这种现象，"斥卤"之变为"泝潞"，"斥水"之变为"泝水"，都不足为怪。但是，人们将"斥卤"写成"泝潞"，将"斥水"写成"泝水"，其效果却是很不理想。

将"斥水"写成"泝水"，本来是希望这个"泝水"读作 chìshuǐ。但是"溯源"的溯字有异体作"泝"，音 sù（见《说文》），所以面对这个"泝水"，多数读者仍然以 sùshuǐ 读之。为了避免误解，所以又改"泝水"为"浘水"，希望以"浘水"表示读 chìshuǐ 的"斥水"。但是人们面对"浘水"，仍然读 jǐshuǐ，不读 chìshuǐ。原来读 chìshuǐ 的"斥水"就是因为借用"浘水"字形而被错读成 jǐshuǐ 的。

《轻重乙》云"夫海出沸无止，……沸水之盐以日消"，既然"海出沸无止"，说明"沸水"是从海水产生的，应当是"斥水"而不是"沸水"。另外，"斥"（泝）源于海水，却依然不是海水；而渤海滩涂海盐是由斥水（泝水）制造的，却不是直接用海水制造的。《说文》释卤字云："西方咸地也。……东方谓之庎，西方谓之卤。""东方谓之"的"庎"，就是"斥卤"之斥字，所以"煮沸水为盐"就是煮斥水——斥卤之水为盐。平素虽然有煮海水为盐的说法，其实所煮之"海水"实为千年海水之积淀。

《管子·轻重丁》有管仲与桓公话及齐国之地亩一节，管仲分析齐国地亩之半数不适宜谷物生产："阴雍长城之地，其于齐国三分之一，非谷之所生也。滛龙夏，其于齐国四分之一，……也。朝夕外之所墆齐地者五分之一，非谷之所生也。然则君非托食之主耶。"①

以文势度之，"滛龙夏其于齐国四分之一……也"中间应当有"非谷之所生"五字夺文。齐国北部沿渤海一带是一片盐碱地，所以这个占齐国四分之一而不生产谷物的"滛龙夏"，应当就是这片盐碱地——"滛龙夏"就是"斥龙夏"。

这片盐碱地亦见之于别处，是以"龙夏"本名出现的。《山国轨》有一节说桓公请教如何"立轨官"，管仲回答："盐铁之策，足以立轨官。……龙夏之地布黄金九千，以币赍金：巨家以金，小家以币。"在"盐铁之策"的话题下首先说到的"龙夏之地"，必定是产盐的斥卤之地。这证明"滛龙夏"就是"斥龙夏"，就是地下富含斥卤之水的盐碱地："龙夏"是地名，因为是斥卤之地，故冠之以滛字。

"龙夏"之名还见于《山至数》，云："狼壮以至于冯会之口，龙夏以北，至于海庄，禽兽羊牛之地也。"②又云："冯会、龙夏牛

① "朝夕外之所墆齐地者五分之一"，"朝夕"应当读为"潮汐"，"潮汐外之所墆"是指海水涨潮范围之外，受地下斥卤之水浸润影响而不生谷物之地。《校正》不明其义，于"朝夕外之"后点断，不妥。又，所引"然则君非托食之主也"，尹注本"君"误为"吾"，戴望《校正》云："吾乃君字误。"今从之。
② "狼壮"原作"狼牡"，戴望《校正》引安井衡云："古本牡作壮。"今从之。又，"之口"原作"之日"，戴望《校正》引吴氏云："日乃口字误。"今从之。

羊牺牲，月贾十倍异日。"从"至于海庄，禽兽羊牛之地"云云，可知此地就是齐国北边滨渤海一带的盐碱地。

另外，上段论述引证《地数》篇的那句"守圉之本（用盐独重）"，《轻重甲》篇作"守圉之国（用盐独甚）"。"守圉之国""守圉之本"，用各有当，不必以《地数》篇为非。

《轻重甲》篇云："守圉之国，用盐独甚。"这里说的"守圉之国"就是齐国。也就是说，管仲是将齐国归类于"守圉之国"的，"守圉"就是"守御"。《轻重甲》篇还说："发若雷霆，动若风雨。独出独入，莫之能圉。""莫之能圉"显然就是"莫之能御"。圉字、御字原来皆读上声，是同音字（《广韵》上声八语以圉字、御字同小韵，鱼巨切），所以可以假借"圉"字为"御"字。"守圉（御）之国"就是不主动诉诸武力的国家，"守圉"是管仲治理齐国的一个根本原则。

旧注"守圉之国"云"本国自无盐，远馈而食"，是错会了《管子》的本意。《管子·海王》篇在"官山海""正盐策"的话题下，曾经说过"有海之国，雠盐于吾国釜十五，吾受而官出之百"，那是管仲在打莱夷人海盐的主意，与"本国自无盐，远馈而食"毫无关系，而且多数国家固然是"本国自无盐"，但是并非多数国家都是"守圉之国"。

管仲视齐国为"守圉之国"，说明管仲深知国家经济兴盛是国家政治力量、军事力量的基础，所以尽管他于军事之道也颇为精通，但是并不主张诉诸武力，而是处处尽量规避战争。他认为"守圉之国"的根本方略不是战争，而是充分发展经济；针对齐国的实际情况，最要紧的就是拓展海盐市场，增加海盐税收，以固国本。换句话说，齐国就是以海盐为根本的"守圉之国"，海盐就是齐国的"守圉之本"。

四 齐国的海盐优势

1. 唯有青州贡盐，唯有青州海盐富含碘

管子"煮沸（斥）水以籍于天下"，"煮沸（斥）水"是充分利用齐国地理优

势，而管子"籍于"的则是诸侯各国对齐国海盐的依赖，要做的是"天下"的独家生意。青州滨渤海滩涂自古以来就是产盐的胜地，但是莱夷人的海盐生产是分散的、各顾各的，而且莱夷人只顾及海盐生产，而缺乏商业意识。他们满足于年复一年的零散的海盐生产、出售，而不知道外地商人侵蚀了更大的利润；而管仲想到的是垄断海盐生意，海盐价格由齐国定夺，普天下都为齐国的海盐买单——这就是"籍于天下"。

《尚书·禹贡》篇记载古代九州之贡品，青州是以贡盐为其特色的。看《禹贡》："海岱惟青州，嵎夷既略，潍淄其道。厥土白坟，海滨广斥。……厥贡盐絺，海物惟错。""海滨广斥"的"斥"，就是《管子》"澙龙夏"的"澙"。青州贡品以贡盐体现与各州皆不相同：九州之中只有青州贡盐，其余八个州皆不贡盐。换句话说，盐，作为最特殊的贡品，却是单单出自青州。

青州之外的其余八州皆不贡盐，并不是其他各州绝不产盐，而是青州的海盐对于其他各州的各色食盐具有绝对优势。

《史记·货殖列传》说过，"山东食海盐，山西食盐卤，岭南、沙北固往往出盐"。只有山东，也就是青州出产海盐，与"山东"相对的"山西"出产的是"盐卤"。山西的"盐卤"属于池盐，又称"盬盐"，《说文》有专门对这种池盐的解释："盬，河东盐池。袤五十一里，广七里，周百十六里。"就是说的这种内陆盐池。《左传·成公六年》记载，晋国贵族提议从绛迁都到"郇、瑕氏之地"，因为此地"沃饶而近盬，国利君乐"。所谓"近盬"就是邻近盐池。《水经注》于"涑水"条说到过这个盐池："涑水……又西流注于盐池。"[1]涑水注入的"盐池"可能就是当年晋国贵族希望迁往的"郇、瑕氏之地"。

[1] 《说文》有所责切的"涑"字，释云"小雨零貌"，并非水流名。《水经注》的"涑水"，盖即"沛水"。涑字、沛字，或因形近而致误。不敢确定，聊备一说以待考。

《水经注》说这里的盐近乎自然生成："土人乡俗引水沃麻，分灌川野，畦水耗竭，土自成盐。"这说明河东盐池的地下深层有斥卤之水，斥卤之水比重大，所以在深层。乡人将"涑水"引入盐畦，用以沤麻，用以灌溉别处田地。地下斥卤之水随着地面淡水的消耗而上升，渐渐上泛到地面，就形成"盬盐"。可见，河东盐池是更早的海水积淀形成的，因为年代过于久远，又没有滨海海水的日夜渗透浸泡，所含的碘成分已经消失殆尽了。

《水经注》还说到"盐池"的颜色："河东盐池谓之'解盐'。今池水东西七十里，南北十七里。紫色澄渟，浑而不流。水出食盐，自然印成。"《水经注》说"河东盐池"，"东西七十里，南北十七里"，比《说文》的"袤五十一里，广七里"规模还要大。沈括《梦溪笔谈》也说过山西的"盐卤"："解州盐泽卤色正赤，俚俗谓之蚩尤血。"《梦溪笔谈》说的"卤色正赤"就是《水经注》说的"紫色澄渟"。"解州盐泽"就是《水经注》说的"河东盐池谓之'解盐'"，也就是《史记·货殖列传》说的"山西食盐卤"。

这种"紫色澄渟"而俚俗以"蚩尤血"状之的"解州盐泽"呈现酱油色，该盐池生产的盐就叫"盬盐"。《水经注》说"盬盐"之所以得名，云："味苦……盐盬之名，始资是矣。"可见，所谓"盐池"，所谓"盐卤"，所谓"盬盐"，或曰"盐盬"，大多都是指这种带有苦味的盐，这种盐即使只论味道也不能与青州海盐相比。

除了味道口感，海盐对其他各种盐的最大优势是：海盐含碘。其他如山西的"盐卤"，岭南、沙北各地随处（《货殖列传》所谓"往往"）出产的盐，包括其他各州出产的池盐、井盐，多数是不含碘的。

缺碘会导致许多疾病，譬如瘿瘤，俗称"瘿布袋"，就是脖颈肿大的病。管子看好的渤海滩涂海盐是个瓶颈——凡是脖颈肿大的人必须经过才能消肿秀颈的瓶颈；而当时的"瘿布袋"是常见病，正如《轻重甲》所说："国无盐则肿。"所以凡九州之民几乎都得通过这个瓶颈。更为要紧的是：这个瓶颈是由齐国掌控的。

齐国滩涂海盐的优势，是管仲垄断策略产生并且奏效的根据。

所以问题的关键就是：唯有海盐富含碘，而只有青州出海盐。青州之所以独以贡盐见诸《禹贡》篇，而且唯独以此体现与其他各州概不相同，原因就在于此。

2. "渠展之盐"和"辽东之煮"

《管子·轻重甲》有一段话，与《地数》篇相似，两者可以参见："楚有汝汉之黄金，而齐有渠展之盐，燕有辽东之煮。此阴王之国也。……今齐有渠展之盐，请君伐菹薪，煮沸火为盐。……孟春既至，农事且起，大夫毋得缮冢墓，理宫室，立台榭，筑墙垣；北海之众毋得聚庸而煮盐。若此，则盐必坐长而十倍。"

《轻重甲》的"煮沸火为盐"，《地数》篇作"煮泲水以籍于天下"。《轻重甲》的"沸火"，明显是"泲水"之误（其实"泲水"之泲是斥字之误，说已见前）：泲字与沸字是因字形相近而致误；而水字残缺中间一竖的下半部分，与火字形相近，遂被误认为火字。

《轻重甲》与《地数》都说了"楚有……齐有……燕有"，所不同者，《轻重甲》是把这三者作为"阴王之国"的条件说的，就是因为齐国有"渠展之盐"，所以齐国才有资格列入"阴王之国"，才具备了作为"阴王之国"的优势。

"渠展之盐"很早就是渤海之滨居民的衣食来源。《轻重丁》说到齐国北部的百姓："北方之萌者，衍处负海，煮沸为盐、梁济取鱼之萌也。"所谓"北方之萌者"，就是居住于渤海之滨的百姓，他们世代以"煮沸（斥）为盐，梁济取鱼"为生。

在《禹贡》的时代过去若干年之后，青州渤海之滨彼岸的辽东，人们也尝试生产海盐，就是《管子·轻重甲》说的"燕有辽东之煮"。这"辽东之煮"无疑就是煮海盐。但是尽管燕国也是煮海盐，与齐国的"渠展之盐"仍然不能相比，因为"辽东之煮"的生产效率太低，而其成本又太高了。

历史上的下游黄河以滚动之势从北向南游走，总归流入渤海，而且黄河以南的济水也流入渤海，后来黄河夺了济水之河道。黄河、济水裹挟着上游的泥沙汇入渤海，造就了山东滨渤海一线历经千年、万年的冲积平原，这种冲积平原的地下积聚了大量的深层卤水，卤水的盐分浓度是海水不能比拟的。所谓"斥卤"之地指的就是这种情况。

"渠展之盐"与"辽东之煮"对比的说法让我们得知两者的不同，"渠展之盐"煮的是海滨滩涂地下的卤水，"辽东之煮"煮的是海水。《说文》释盐字："咸也。古者宿沙初作煮海盐。"燕国的"辽东之煮"就是古代宿沙发明的煮海水为盐。

陈沧来先生的《中国盐业》说过海水的含盐量："海水所含的盐量，以百分法计算起来，由百分之三至百分之三点五即每百斤海水内有盐质三斤至三斤半。"盐卤斥水的含盐量，因地域和开采时间长短而有所不同，但是只要没有开采殆尽，其含盐量也是海水所不可比拟的，煮海水为盐与煮盐卤为盐，其效率当然不可同日而语。所以当"辽东之煮"与"渠展之盐"进入竞争程序后，"辽东之煮"很快就被淘汰出局了。

据陈沧来《中国盐业》说，清朝政府用户籍将盐民与普通人家区别对待，普通人家称"烟户"，盐场或者盐井户口称"灶户"（见其书《制造》章）。旧时代，山东濒邻渤海之地的业盐人家，称"滩户"，直到 20 世纪 50 年代初，民间仍然呼盐工为"滩汉"。"滩户""滩汉"的叫法仅仅限于渤海滨海地区，尽管官方有正式的"灶户""灶民"专名，但是唯独在这里，政府规定的专名却被"滩户""滩汉"长期取代。

是什么原因使得这里的"滩户""滩汉"能够取代"灶户""灶民"呢？原因只有一个，就是当地人认为"滩户""滩汉"比"灶户""灶民"更准确。"滩户""滩汉"的"滩"不是现在说的沙滩，而是盐滩、盐碱滩，是特指滨海滩涂盐碱地，所以"滩户""滩汉"的叫法通俗而明确，不会产生歧义。相比"灶户"，这"灶"肯定是特指煮盐用的锅灶，但是普通人家也用锅灶煮饭，只是为了与业盐人家相区别，另叫"烟户"而已——而"灶户"人家也要做饭，屋顶上也会有袅袅炊烟。关键是其他地方的盐民就叫"灶户"，不叫"滩户"，也不叫"滩汉"。这是为什么？因为他们不是用滨海滩涂盐碱地的斥卤之水制盐，尽管他们也可能生活在海滨，但却未必是滩涂盐碱地带，所以他们是"灶户""灶民"，却不是"滩户""滩汉"。这一点不同非常重要。

关于"渠展之盐"，旧注云："渠展，齐地。沸水所流入海之处，可煮盐之所也，故曰'渠展之盐'。"这好比说，因为是渠展之地出产的盐，所以叫渠展之盐——几乎没有信息量；而且"沸水所流入海之处"也并非"可煮盐之所"——盐碱滩涂煮盐对这位前贤来说显然是个盲点。其实面对"渠展之盐"的读者极想知道的是：此地为什么必以"渠展"命名。《说文》释渠字为"水所居"，释展字为"转也"。《说文》对渠、展二字的解释，能够帮助我们理解"渠展之盐"，"渠展"之义可以了然通晓。

旧时"滩汉"晒盐，先选地挖掘直径（上口径）10米左右极深的大坑，坑里逐渐渗透蓄积的就是千百年的卤水，这可以解释为"渠"（"水所居"）；再用粗壮的绳索系住藤条编的斗子，两队"滩汉"各自站在"渠"的两边，合力送绳将"渠"中的卤水灌进斗子，再合力将斗子提拉起来，顺摆动之势灌进盐畦——这可以解释为某种意义上的"展"："转也"。

《管子》所谓"渠展之盐"当然不可能是晒盐法，但是"渠展"的名堂说明当时渤海滩涂的盐工已经知道在滩涂盐碱地上深挖大坑以蓄积卤水（此可谓"渠，水所居"），然后提拉斗子将蓄积的卤水取出，再分别灌入煮盐的"馒"里（此亦可谓"展"——"转也"）。那时候煮盐的大锅叫"馒"。

发源于济南趵突泉的小清河，取东北走向在寿光市北部羊口镇流入渤海湾，羊口镇在小清河的南岸，与潍北盐场、大家洼盐场都相去不远。羊口镇西边二十里、小清河北岸有"八面馒"古地名（俚俗传讹曰"八面河"），古地之得名，据乡贤说，是因为此地出土过古代煎盐的灶台和"馒"（大锅）。"馒"之所以以"八面"为名，因为"馒"太大，必须从八个方向续柴添草，方能均匀烧火。而"馒"之所以铸之如此大，则是因为某朝某代曾经以煮盐锅的个数收税，而不计锅的大小。"八面馒"可能是汉代的遗迹，它可以证明，在晒盐法行施之前，此地曾经盛行过煎盐古法。

　　齐国的"渠展之盐"淘汰燕国的"辽东之煮"，原因就在于前者煮的是从滩涂盐碱地深处汲上来的斥卤之水，而后者煮的只是海水而已。所以燕国很快就从"阴王之国"淘汰出局了，人们很快就忘记了燕国曾经是"阴王之国"。《战国策·赵策二》有苏秦、张仪先后向赵王兜售其合纵、连横主张，都曾经说到过齐国的"鱼盐之地"。而且苏秦的话还将齐国和燕国对比，说："燕必致毡裘狗马之地，齐必致海隅鱼盐之地"（张仪的话是"齐献鱼盐之地"）。——燕国的"辽东之煮"，早就被人们遗忘了。

第四章　从春秋时期的经济形势看齐长城的价值意义

一 《管子》书中的"长城"

《管子》书中说到过"长城"。《轻重丁》篇有管子的一番话:"阴雍长城之地,其于齐国三分之一,非谷之所生也。"(已见前引)《轻重丁》篇还有管子的另一番话:"长城之阳,鲁也;长城之阴,齐也。"

管子居然说过"长城"!《管子》这本书里竟然有齐长城!要是说主张齐长城修建于战国时期的专家们没有看过《管子》,人们是不会相信的,但是他们为什么对《轻重丁》篇的齐长城置若罔闻呢?

如果相信了《管子》的齐长城,就得将齐长城的修建时间上推到春秋时期,而春秋时期的齐国一直对其南边的鲁国、莒国取进攻的态势,即使为了战争防御,也应当是鲁国、莒国修建长城,齐国修这道长城防御谁?

春秋时期的齐国,经常承受的是晋国从西南边的进攻,晋国的战车长驱直入,动辄进攻逼近临淄。齐国西南边城池的城楼门口也发生过攻城、守城的拼搏较量。但是在整个春秋时期都找不到针对长城的攻守战例。专家的心思不好猜:尽管齐长城是客观存在的,它可以游走在泰沂山脉一线山脊,却不应该出现在《管子》这本书里。

齐长城学者相信《战国策》,甚至相信晚出的《齐记》,却不愿意相信《管子》。但是要认真研究齐长城,却只有《管子》做的是对题文章,至于《战国策》《齐记》(甚至《史记》),都只有作为背景的齐长城,却没有作为话题的齐长城。具体说,"长城巨防"云云、"齐宣王乘……长城"云云,"长城"都是为另外的话题作背景的。而且即使只是作为背景的齐长城,晚出的《齐记》也不敢完全相信,更何况被误解得一塌糊涂。当然，这也不是专家的错，错就错在《齐记》的这段文字似乎一落笔就奠定了被人误解的基因。

只有《管子》的齐长城是作为话题出现的：《轻重丁》的"阴雍长城之地，其于齐国三分之一，非谷之所生也"，虽然不能断定"阴雍长城"就是人们常说的"齐长城"，但是这句话却明确无误就是典型的"长城"话题。"长城之阳，鲁也；长城之阴，齐也。"则是更为重要的齐长城话题，这句话的"长城"是作为齐、鲁两国的分界线被述说的。研究齐长城的专家们都相信齐长城是齐、鲁两国的分界，但是专家们的这个认识不可能通过遗传获得，不可能生而知之，那么这个认识是从何而来的呢？答案好像只有《管子》这一个来源，因为《战国策》《齐记》都没有这么明确地把齐长城作为齐、鲁两国的分界来陈述。

不要说齐、鲁两国以齐长城分界是常识，也不要说凡是常识就没有个别的典籍来源，或者即使有个别来源也没有深入追究的必要。人们（包括齐长城专家）的思想里存在一条齐、鲁两国的分界线，人们（包括齐长城专家）认为这条分界线就是齐长城。人们认识事物、获得知识的途径，不外乎读书和实践。如果对专家们的这个认识（长城分限齐、鲁的认识）从书本的角度追根溯源，就很容易追溯到《管子》。也就是说，专家学者们的这个认识是从《管子》获得的。因此，就更不要说《管子》的长城话题不可信了。

如果《管子》这话不可信，为什么这番话跟齐长城专家以及公众大家关于齐长城分界齐、鲁的认识相一致呢？而且春秋时期的历史怎么会在证明专家们的这一认识正确的同时，也顺便证明了《管子》这话的正确性呢？而如果说，《管子》关于齐长城的话，只有分界齐、鲁的说法是对的，其余"阴雍长城之地"云云是不可靠的，那就未免太任性了。

可见，专家们内心里不是不相信《管子》这本书，只是因为太看重自己的某些常识性认识，久而久之，又不自觉地将这些常识性的"民科"认识视为自己的发明而倍加珍惜——思路毕竟太奇缺了，所以当发觉这些常识早已经载诸《管子》其书的时候，这本书就不受待见了，因而也就不可信了。

笔者相信《管子》关于长城的话题正确，一是因为"长城之阳，鲁也；长城之阴，齐也"这句话奠定了我们关于齐长城常识认识的基础，二是因为"阴雍长城之地"这句话非常有个性，后世造假者或者当时以及事后的局外人是说不出这样有个性的话来的。

顾名思义，"阴雍长城"就是以"阴雍"命名的长城。我们对"阴雍"的意义并没有真切的感知，但是"阴雍"是可以解释的。如果揭示了"阴雍"的语义，而其结果又使人们觉得像"阴雍"这样的措辞内涵只与管子的时代背景相契合，人们自然就会相信：《管子》关于齐长城的这番话不是后世依托假借，更不是后世作伪。

关于"阴雍长城"，后面还会谈到。

二 管子的"百里之城"

除了明确的长城，《管子》书中还有别样说法的"长城"，是真正的长城却没有以"长城"标目，所以罕有注目留心者，因此也就从来没有收入长城专家们的眼界。

我们还记得管子"为百里之城，使人之楚买生鹿"的情境（《管子·轻重戊》），还记得楚国"男子居外，女子居涂"的那番忙碌景象。数以千计甚至万计的活生生的野鹿来到了齐国，就生活在管子为它们准备好的"百里之城"里。这"百里之城"不是长城是什么？专家们不会相信这个圈养楚国麋鹿的"百里之城"是真的，当然更不会相信这就是长城，但是笔者相信这一切都是真的。所以笔者希望能够引领读者们去领略一番"百里之城"的情趣，看一看这"百里之城"究竟是什么样子。

1. 最初意义的"城"

止步于对"城"字后起意义的理解，是无法参透"百里之城"的。

现在人们熟悉的"城"是城市、城邑，过去的城市、城邑以四围一圈有城墙而区别于乡村。还有的城邑有两圈城墙，譬如《孟子·公孙丑下》说的"三里之城，七里之郭"："三里之城"就是三里直径的内圈城墙，"七里之郭"就是七里直径的外圈城墙。①但是"城"字更早的意义却不是城市，也不是城邑，而是那圈围绕其外的城墙。《说文》释"城"字云"以盛民也"，除了置"民"于被动的措辞令现代人感觉机械生硬，其实说得很准确、很到位：城，就是用来包装、容纳百姓居民的；"以盛民也"的"城"就是那四围一圈城墙。四围城墙向四个方向各开通一个城门（较大的城邑也可能一面开通不止一个城门），城门口直通出进的道路，夜晚城门关闭，有阻止城外强盗打家劫舍的作用，而且一旦遭到敌国攻打，这四围城墙就是防御工事。

但是，这四围一圈的城墙还不是最初意义上的"城"。最初"以盛民也"意义上的"城"并非修筑在平原上，而是修筑在山顶，或者半山腰，以四围一圈或者半圈城墙环绕山顶。换句话说，最早的"城"是建筑在山上的城墙，取四围圆圈合拢之形、或者半圈不合拢的弧形。"城，以盛民也"的最初意义就是这种建于山上的城墙。那么，"以盛民也"的城墙为什么偏偏要选择建在山上？答案是：躲避洪水。

传说治水失败的鲧是"城"的发明者。《吕氏春秋·君守篇》说："夏鲧作城。"《世本·作》篇专门搜集、回忆上古的各种发明，也说过"鲧作城"的话。《淮南子·原道训》甚至能够想见鲧所作"城"的高度规模："昔者夏鲧作三仞之城，诸侯背之，海外有狡心。""三仞之城"到了《通志》，规模更加壮观："尧封鲧为崇伯，使之治水。乃兴徒役，作九仞之城。"以上引文中的作字，就是始作，就是发明："作城"就是声明对"城"的发明权。

① 《晋书·段灼传》引《孟子》此句作"三里之城，五里之郭"。臧琳《经义杂记》据之，因疑流传本《孟子》"七里之郭"误。臧氏按云："郭为外城，犹椁为外棺，开广二里，已不为狭；若城三里而郭七里，是外城反过倍于内城矣。"以上资料《孟子正义》引之。"开广二里"云云，可以证明"三里之城，七（五）里之郭"，乃是指城、郭之直径。

后来有的学者因为对城字本义有所忽略，遂认为鲧是历史上城市规划、设计的第一人，是他营造（不仅仅是构想）了我国历史上第一座城市。这就错了。

传说唐尧之时洪水泛滥，《史记·夏本纪》根据《尚书·尧典》《武成》《微子》等典籍篇章的记载，次序其事，云："当尧之时，鸿水滔天，浩浩怀山襄陵，下民其忧。……于是尧听四岳，用鲧治水。九年而水不息，功用不成。……舜登用，摄行天子之政，巡狩，行视鲧之治水无状，乃殛鲧于羽山以死。"

看了这番话，再联想《淮南子·原道训》以及《通志》，颇令人疑惑：忙不迭治水的夏鲧哪有闲情逸致建造这"三仞""九仞"之城？这"三仞""九仞"的"城"是做什么用的？此事典籍失载，但是并不难以情理推论：当此"鸿水滔天，浩浩怀山襄陵"之时，受命治水的夏鲧首先想到的应当是什么？他首先想到的当务之急，就是修建一道堤坝——为拖儿带女，肩挑背扛着生计家什，驱赶着牛羊牲口、鸡狗鹅鸭逃生到山上来的难民修建一道阻拦洪水的堤坝。所以说，最初的"城"原本是为阻挡洪水而建造的，这种"城"就是围绕山顶修建的一圈或者半圈拦水堤坝。

难怪《说文》对"城"字的解释总是给人以异样的感觉，原来如此：城，本来就是建立于山顶或者半山腰的围绕山顶一圈或者半圈的堤坝，用以容纳从平原聚落赶来躲避洪水的灾民的。"民"被迫来此"城"避难，《说文》"以盛民也"的解释正好可以表达"城"的这种接纳功能（盛），也正好可以表述"民"所面对的这种无可奈何的被动局面。

待到洪水退去若干年后，生活于平原聚落的百姓可以不必日夜担心洪水之灾了，但是他们还得防止外来或者邻近聚落的入侵掠夺。回忆起当年先民躲避洪水的"城"，于是想到环绕聚落建造四围一圈城墙。这四围一圈的城墙与洪荒时期围绕山顶的拦水堤坝一样，所以沿袭当年"城"的名字。这就是最初的城邑。

前面引证过《周易·升》卦九三爻辞，笔者当时只是根据古人训诂经常以"丘"释"虚"的事实（如《说文》释虚字："大丘也。……丘谓之虚"），随文解释说"升虚邑"就是升丘邑，就是升到山丘之上的城邑，并没有探讨"升虚邑"的

深意。现在可以说，《周易·升》卦的"虚邑"——山丘上的城邑，就是当年逃避
洪水之灾的"城"：难民移居平原若干年代之后，当年山丘上的简易城邑早已空荡
荡无人居住了。《周易·升》卦针对九三爻辞的解释是："升虚邑，无所疑也。"研究
《周易》的学者一般是以"无所怀疑"解释这句爻辞小象。但是"升虚邑"未必就能
导致无所怀疑的结果，所以"无所疑也"不是无所怀疑，而是无所遮碍。障碍、遮碍
的碍字，繁体作"礙"，"礙"字从疑得声，所以可以假借"疑"字以当"礙"字。
攀登到山丘之上，就是"升虚邑"，眼前空荡荡一无遮碍（一圈、或者半圈城墙建在
半山腰），所以《升》九三小象才说"无所疑也"——就是"无所礙也"。

　　请读者记住当年夏鲧为给躲避洪水的难民提供庇护场所而建于山上的"城"，
记住这"城"的样子，如果恰巧在某处山上发现了这种"城"的痕迹，那就是保留
着史前洪水记忆的难民庇护所。

2. 放养野鹿的"百里之城"

　　"百里之城"是管仲为从楚国买来的"生鹿"修建的。管仲不可能在平原上为
这些野鹿修建一座四围一圈的城，更何况是"百里之城"。我们姑且假定这座圈养
野鹿的"城"是建于平原之上，而且是圆形、方形或者近似圆形、方形的。与见诸
《孟子》的"三里之城，七里之郭"相比，"百里之城"该是多大规模的一座城！
这么大的一座城，城中得养多少野鹿？投放刍草饲料，供应饮水，提防洪水，清扫
垃圾，排查有无生病或者死亡的野鹿，这些都得靡费多大量的人力物力？可见，这
种"城"并不适合建造在平原上，进而最切合实际的办法也就可想而知，就是仿效
洪荒时期为难民堵截洪水的办法，而有所改动：在山谷两面山顶上，随着山势走向
修建两道长墙，再在山谷口修建一道高墙，以堵截野鹿腾跃窜跳就可以了——就不
必担心它们外逸逃跑了。野鹿放养其中，虽然楚鹿齐养，而其自然环境并无多大改
变，风调雨顺，水草充足，日居月诸，任其繁衍生息，一切财力、物力耗费，以及
人为操心皆可以省却。

　　不要轻易怀疑管仲修建"百里之城"的真实性，见诸《管子》的"百里之城"

不是寓言故事，因为这种放养牲畜的方式在史书中颇见记载。《史记·货殖列传》说过"乌氏倮"其人者，以畜牧致富："及众斥卖，求奇缯物，间献遗戎王。戎王什倍其偿，与之畜。畜至用谷量马牛。"乌氏倮的马牛是用山谷——一山谷、两山谷、三山谷，这么计量的。但是乌氏倮的马牛平时在哪里放养呢？他是先在别处放养，而后为了统计数目而将马牛驱赶进山谷吗？肯定不是的，乌氏倮的马牛平时就应当放养在山谷里。同样道理，管仲放养野鹿的"百里之城"也肯定不是在平原上，而是在山谷里，与乌氏倮异曲同工。

《说文》阜部有陕字（去鱼切），释云："依山谷为牛马圈也。"这个陕字，还有许慎对陕字的本义解释，以及这个本义解释所反映的文化内涵，真是太令人振奋了。原来古人就是利用山谷来圈养牛马的，乌氏倮与管子都是用的"依山谷为牛马圈"（管仲是"为生鹿圈"）的做法，此法在春秋一直到西汉时期都是很时兴的。

不过管仲与乌氏倮尚有一点不同：乌氏倮在山谷里放养的是马牛，马牛可以在山谷里、山坡上活动，但是向山上奔跑就不容易了，所以山谷里的马牛要想翻越山顶逃跑，是不可能的；管子在山谷里养的是野鹿，野鹿可以毫不费力地跑上山坡、山顶，从而翻越山顶逃跑。所以管子放养野鹿的山谷，除了需要在山谷进出口一端修筑障碍物——与乌氏倮一样，还需要在两面山脊一线修筑长墙。管子沿两条山脊修建的、防范野鹿腾跳逃逸的那两道长墙，就是所谓"百里之城"。

我们还能回忆起"其墙三重而门九袭"的阴里城，管子在这里制作了大量的石璧，以高价卖给了朝觐周天子的各国诸侯及其随行人员。

阴里也叫广里。《左传·襄公十八年》记载，晋国率领北方十二个国家的军队集会于鲁国的济水，进攻齐国的平阴。齐侯率领军队防御平阴，"堑防门而守之广里"，"防门"就是钜防之门，当年的钜防就在现在的广里附近。《管子》"阴里之谋"的"阴里"，就是齐侯防守的"广里"——"阴里"就是地处平阴（阴）的广里（里）。

现在的广里是济南市长清区西南部的一个村镇。广里左近就是齐长城的西端始点。在广里的正南边接近肥城界（肥城今属泰安市），有一段东西方向骑山脊而建的齐长城复线，与北边的广里长城线路略成环抱之势，正好可以圈养牛马或者野鹿。

我们凑巧在《春秋·庄公十七年》看到"冬，多麋"的记载：这年冬天，出没于鲁国山泽林麓、郊野草莽的麋鹿突然多了起来，鲁国史官遂作为异常事件记载于史书。仅只一次见诸《春秋》的"多麋"，肯定是有原因的。《春秋·庄公二十九年》："秋，有蜚。"《左传》释其体例，云："凡物，不为灾，不书。"可见这次的"有蜚"，与此前的"多麋"记载，都是"为灾"的。可惜史官记载"多麋"，点金惜墨，对其原因不肯多赞一词，《左传》对此也未作解释。但是当时的读史者既然触目"多麋"，肯定会心生疑虑：这些多于往年、时不时出现在鲁国郊野"为灾"的麋鹿是从哪里来的？它们平时又在哪里藏身呢？由"多麋"引发的这些疑问，可能正是当年史官的用意：史官可能想用鲁国"多麋"事件，暗示其北邻齐国的某种秘密举措。

齐襄公去世之后，流亡莒国的公子小白抢先进入临淄，即位齐国国君，史称齐桓公。《左传·庄公九年》记载其事："夏，公伐齐，纳子纠。桓公自莒先入。"齐桓公即位后的第一件事就是逼迫鲁国杀死与之争位的公子纠，并且将辅佐公子纠的管仲押回齐国。被押回齐国的管子随即出任国相。六年后，即鲁庄公十五年，《左传》记载"齐始霸"。"始霸"两年后，即鲁庄公十七年，《春秋》经记载："冬，多麋。"如果管子圈养的"生鹿"不早不晚就在这年逃逸"百里之城"，可谓巧逢其时。

任何巧合都是一种情结，任何一种情结都是因果的纠结，呈现的就是某种后果，而任何后果肯定能够表达某种前因。读者思之，深思之。

如果"百里之城"偶然有一两处失修，或者被暴雨冲开缺口，就会有"生鹿"逸出。所以当年鲁国"多麋"的地区肯定与阴里的"百里之城"相邻。

只要相信管仲的"百里之城"不是寓言故事，就能想象管仲修建的这种"百里之城"可能不止一处。

3. 汶阳之田

以下话题涉及"汶阳之田"。

从长清向南不远就是泰安市的肥城，当年汶水从泰山发源而向西流经现在的肥城境内，汶水北岸就是历史上有名的"汶阳之田"，现在的肥城市城区就在当时的"汶阳之田"范围之内。

"汶阳之田"初见于《左传·僖公元年》："冬，……公赐季友汶阳之田及费。"后来汶阳之田被齐国夺取。齐晋鞌之战以齐国大败结束，齐国侵占鲁国的汶阳之田被迫归还鲁国。《左传·成公二年》记载了这件事："秋七月，晋师及齐国佐盟于爰娄，使齐人归我汶阳之田。"六年后，即鲁成公八年，晋国又主持将汶阳之田划给齐国："晋侯使韩穿来，言汶阳之田。归之于齐。"直到《左传》记事行将结束，鲁国还在念念不忘向齐国追索汶阳之田。《左传·定公十年》记载齐鲁夹谷之会，孔子让鲁国的代表兹无还在盟书后追加了一句话，就是："而不反我汶阳之田——吾以共命者，亦如之。"

后世想象"汶阳之田"，既然以"田"称，又是汶水流经之地，自然是利于灌溉、利于耕作的农田。其实当时不仅农田称"田"，竹林也称"田"，《说文》释篁字，云："竹田也。"就是竹篁称"田"的证明。当年鲁僖公赐给季友的汶阳之田不是农田，而是一望无际的竹篁。《战国策·燕策二》记载流亡国外的乐毅报燕惠王书，有云："蓟丘之植，植于汶篁。"《史记·乐毅列传》引之，而改"汶皇"作"汶篁"。《集解》引徐广曰："竹田曰篁。谓燕之疆界移于齐之汶水。"徐广将乐毅信中"植于汶篁"云云，解释为燕国、齐国的疆界一度因乐毅的军事胜利而发生的变更。徐广注解"汶篁"而云"齐之汶水"，可见直到战国时期，"汶篁"还在齐国版图之内，徐广当时见到的汶水北岸依然还是一大片竹篁，而且汶阳之田一直暴露在齐长城的南面纹丝不动，并不为齐长城所包围。

竹篁不是农田，最初不被重视，所以其归属并不明确。正是因为这片竹篁之归属不明确，起先齐国和鲁国的百姓都可以各自去做"断竹续竹"的营生。鲁僖公将这片无主的汶阳之田赐给季友的时候，齐桓公正在行施其"九合诸侯，不以兵车"的霸主事业，管仲经常叮嘱桓公整饬自我修养，注重自我形象，所以齐国对鲁僖公的行为未置可否。

从平阴广里（阴里）南边的长城复线向南看，就是汶阳之田的一片竹篁。来自楚国的野鹿一旦逃离阴里的"百里之城"，就会立马隐没于这片竹海之中，再想召唤它们返"城"就难了。它们隐藏在竹林里，可以随时出没于左近的鲁国郊野，而且可以从容不迫地光顾鲁国的农田。载诸《春秋》的那些突然在鲁国麇集出没的麇鹿，就是从这里逸出逃跑的。

《说文》中多见许慎根据口耳相传追忆的古风。《说文》释"阞"字所反映的风俗可能十分古老，《史记·货殖列传》记载"乌氏倮""畜至用谷量马牛"，印证了"依山谷为牛马圈"这一古风直到汉代仍然存在。管子修建"百里之城"，可能是受古来"依山谷为牛马圈"的启发。不同处在于：管子在山谷的两面山体上用石头修建了长墙。

重要的是，"百里之城"是管子修建的，而管子营建这段长城并不是为了战争防御，而是为了圈养野鹿。

所以说，听到"长城"口风，脑海里立马打出"战争防御"字幕，这认识——即使是所谓"主流"认识——其实是很平庸、很不专业的条件反射；但是学问是实事求是的，所以来不得条件反射，要不得凌虚冲浪式的心血来潮。

三　齐长城的关口——齐国的海关

我们在齐长城沿线看到设有许多关口，多数关口因为常年荒废，只剩废墟骨立；个别关口可能经过前朝修缮，挺过百年冷落后渗透出某种交织着洪荒苍凉的壮观。

1. 关于古代的"关"

《周易·复卦·大象》："雷在地中，复。先王以至日闭关，商旅不行，后不省方。"先王在冬至那天闭锁关口的城门，先王治下各方国诸侯也不在境内巡行。这段《大象》说到"先王"，又说到"后"——尤其是"后"，说明"至日闭关"的传统至少是从夏朝就有的。这句话透露出夏朝人的口吻：夏朝的最高统治者，譬如夏启、夏桀，称"后"，而且夏后启、夏后桀治下的各方国地方首领也皆称"后"——"后"是夏朝天子和方国诸侯的统称，典籍有时需要区别之，则方国诸侯称"群后"。所以史称"夏后氏"。后来殷商、有周的帝王在有些场合——譬如祭祀、追念——也被称作"后"（这种例子《诗经·大雅》中颇多见），则是旧习惯使然。

《礼记·玉藻》："年不顺成，君衣布揜本，关梁不租，山泽列而不赋，土功不兴，大夫不得造车马。"（已见前引）孔颖达《疏》云："关梁不租者，关谓关门，梁谓津梁，租谓课税。以其凶年故不课税，此周礼。殷则虽非凶年亦不课税也。"根据孔颖达的注疏，"关梁不租"是说周礼，周朝规定灾荒年景关口和桥梁、渡口不收税；而根据殷礼，即使不是灾荒年景，关口和桥梁、渡口也不收税。

夏朝的关口，以及桥梁、渡口是否收税不得而知；殷商时期是否如孔颖达所说"虽非凶年亦不课税"，也不敢确定。但是周朝的关口有收税的职能（根据孔颖达《疏》，周朝只是在灾荒年景才"关梁不租"），这是可以肯定的。

《孟子·梁惠王下》有齐宣王向孟子问"王政"的情节，孟子回答说："昔者文王之治岐也，耕者九一，仕者世禄，关市讥而不征，泽梁无禁，罪人不孥。"赵岐注："关以讥难非常，不征税也。"孟子认为，当年周文王治理岐地的时候，关市只是稽查盘问可疑之人，并不收税。文王治理西岐的时候可能是"关市讥而不征"，但是在武王伐纣之后就另当别论了。姑且不论西周王朝，孟子的这番话，证明战国时期齐国的关市是收税的。

《孟子·滕文公下》："戴盈之曰：什一，去关市之征，今兹未能。请轻之，以待来年然后已。""关市之征"就是在关口、市场征税。这说明与齐国一样，宋国的关口、市场也设有司专人收税。[1]

①赵岐注曰："戴盈之，宋大夫。"又，清人赵佑《四书温故录》有针对《孟子·滕文公下》"戴不胜"的注释，云："戴不胜即戴盈之，一名、一字也。宋之公族执政者。"

《孟子》书中屡屡出现抨击关市税收的话，证明在孟子所处的战国初期，诸侯各国的关市都在行施税收功能。

《礼记·月令》记载仲夏之月："门闾毋闭，关市毋索。"孔颖达《疏》引蔡某，云："门谓城门，闾谓二十五家为闾。关市毋索者，关市停物之所，商旅或隐蔽其物，以避征税。是月从长之时，故不搜索其物。"仲夏之月"关市毋索"，就是有司对商旅可能隐藏货物以避税的行为网开一面，不加搜查。但是并非常年如此，每年只限于仲夏之月；因为这个月是夏至节气所在的月，夏至是全年白昼最长的一天，仲夏之月是全年白天最长的一个月，人事应当顺应天时月令行动（"是月从长之时"）而从长计议。所以国家在这段特定的时间（"从长之时"）对商贾法外施恩，给他们留下一定的额外利益余地。如此看来，现在常说的"从长计议"，盖与仲夏之月的"从长"有些关系。

《礼记·月令》所云反映的应当是春秋时期，以及春秋之前的实际状况，很可能就是西周王朝关市的真实情境。

以上引证的典籍资料，证明在春秋时期，以及春秋之前很长的一段历史时期内，各国的关口除了稽查异常，主要就是用来征收关税的。

这是说的古代关口，并不限于齐长城的关口。我们看到，即使没有齐长城，各诸侯国的关口也皆有稽查异常、征收关税的功能。因此可以说，即使没有齐长城，齐长城沿线的各个关口还是要设立的，而且还会设立在那里——齐长城之有无，并不会影响、或变更这些关口的地理位置。进而可以说，即使拆除了齐长城，齐长城沿线的各个关口还会在原地不动，而且还是要照常行施其稽查异常、征收关税的职能的。

这一点对我们讨论齐长城，讨论古代关口，都非常重要：关于关口，包括齐长城关口的思考，不能被长城绑架，尤其是不能被齐长城绑架。

2. 午道和关口

我们都还记得《史记·楚世家》的那个旨在激励楚襄王斗志的射雁人，他在箭射齐国的演说辞里强调过"顾据午道"的话。"午道",《索隐》《正义》说之皆未允当,日本泷川资言《史记会注考证》引中井积德:"午道,盖直南北之道,仍是子午道之意。"这是齐国的"午道","仍(乃)是子午道",即齐长城沿线通关的南北大道。

《战国策》多次提到"午道"。如《赵策二》有苏秦以合从(合纵)前景鼓舞赵王的一番话,设想六国同盟后,秦国如果攻打齐国,"则楚绝其后,韩守成皋,魏塞午道"。《赵策二》又有张仪以虚拟的天下连横之势恐吓赵王,极言孤立的赵国危亡在即:"今秦发三将军,一军塞午道……一军军于成皋……一军军于渑池……"苏秦、张仪的话都涉及"午道",分别是魏国和赵国的"午道"。

前面引证过《匈奴列传》,说秦始皇:"因河为塞,筑四十四县城,临河,徙適戍以充之,而通直道。"《索隐》引苏林注"直道":"去长安八千里,正南北相直道也。"《楚世家》的"午道"就是《匈奴列传》的"直道",苏林说的"正南北相直道",就是中井积德说的"直南北之道"。苏林和中井积德说对了:直道、午道(或曰子午道),就是南北大道。《匈奴列传》的"直道"就是长安以北直通长城的"午道"。

可见,当时各国各地皆有"午道",并不限于齐国。

"齐桓公伐楚"是耳熟能详的历史事件,见诸《左传·僖公四年》。齐桓公率领中原八国联军兵临楚国,管仲向楚国的使者转述当年召康公册命太公望的一番话,涉及齐国领土或者势力范围:"东至于海,西至于河,南至于穆陵,北至于无棣。"穆陵就是当年齐太公领地的南端(东南端),当时可能已经设有关口,即使当时还没有设关口,也已经在管仲的设计之中了。战国初期孟子曾经走过穆陵关,孟子抨击关口有司施暴,就是针对穆陵关说的(说见后文)。现在见到的千里齐长城有若干个关口,像青石关、锦阳关等,多数只剩残迹,这些关口都直冲一条"午道"——南北大道。齐长城的每个关口都是扼守南北大道的枢纽。

齐国幅员东西修长,南北大道及关口更多于其他各国,从而可知,齐国关口的

总体税收力度应当更大于其他各国。齐国的西面有济水、黄河，在济水、黄河的
渡口上，肯定是要设关卡收税的；齐国以齐长城阻隔南边的鲁国、莒国，齐长城
一线的南北大道又都有关口，这些关口肯定也是要收税的。可见，齐长城的关口
就是齐国的海关，齐长城与收税的关口配合成套，说明齐长城的作用就在于防止
走私。

　　2014年夏天直到秋天，笔者曾经率领一行七人小队伍，分段实地考察过齐长
城。在我们的山路考察行走过一大半路程之后，另一支规模庞大的队伍也开始了对
齐长城的考察。这支队伍声势浩大，参加人员层次很高，国内最著名的长城专家也
应邀参与其中。当他们行至齐长城的终点——青岛市黄岛区——举行新闻发布会、
宣布考察圆满成功的时候，我们的考察也行将进入尾声。笔者从报纸上得知那支考
察队伍发布的考察结论：一、齐长城是战争防御的产物；二、齐长城也不乏商旅的
意义。（图六）

图六　齐长城广里起点考察队成员合影

结论的第二个内容令我们欣慰，欣慰之余又有些失望。欣慰是因为人们，包括长城专家，终于向笔者六年前提出的齐长城防止走私的观点靠拢了。我们主张齐长城是为了防止走私而修建的，而"走私"似乎可以被勉强囊括在他们说的"商旅"意义里了。而令人失望之点也正在于斯：专家居然发明创造出了齐长城的"商旅"意义。

他们怎么看出齐长城的战争防御作用的，姑且不问，现在只问：这位专家怎么看出齐长城的商旅意义的？齐长城有商旅意义吗？当时的商旅队伍是沿着齐长城赶路的吗？如果没有齐长城，古代的齐国人和外乡人就不能进行他们的商旅活动了吗？商旅意义？长城专家这话说得也太不严密了，太不专业了。他们竟然不知道长城，包括齐长城，是不可能有什么商旅意义的吗？什么是商旅？看《考工记》的定义："通四方之珍异以资之，谓之商旅。"齐长城为"通四方之珍异"提供什么方便了吗？前面引证过的《周易·复卦·大象》说过商旅，而且涉及了关口："雷在地中，复。先王以至日闭关，商旅不行，后不省方。"这该明白了：导致"商旅不行"的是"闭关"，关乎"商旅"的不是长城，而是"关"；关乎商旅之"行"的，也不是长城，而是逢关必有的、贯穿关口的大道——商旅得以"行"之于其上的通关大道。

譬如齐长城的青石关，就贯穿着一条通关大道，北通"两山壁立，连亘数里"的青石岗，南通两淮徐州。[①]（图七）

而且，即使没有长城，也会有关的，也会有通关大道的，关和通关大道是连体共生的，却并不是长城的配件。这位长城专家显然是把关口、午道的消极、积极两方面的商旅意义都转嫁给齐长城了——经过专家一路考察且又深思熟虑后说出的这番话也忒外行了吧？

　　只要有商旅，就有关口课其税，而关口必然当其道；只要有通关大道，就有商旅行其上，而通关大道完全不必依赖任何长城。这应当是研究齐长城的基本功，是齐长城话题的先决条件。

　　譬如函谷关内外的大道，就是秦国商旅通六国、六国商旅进关中的必由之路。函谷关就设在崤山谷口的东西大道上，当年的秦国就是凭借崤山和函谷关阻挡六国联兵犯境的，而函谷关只是关口，无关乎长城，崤山之上也没有长城。

图七　齐长城遗址莱芜青石关

崤山之上无长城，但是六国军队却从来没有起心动念翻过崤山进攻秦国。

　　当然，崤山东西走向的山谷如果不设城门关口，就有可能激发兵家奇袭的灵感。

　　在历尽汉、晋、六朝、隋，直到唐朝中期，兵家终于将这奇思妙想付诸战争实践，不过将地点改在了潼关。据《旧唐书·黄巢传》记载，黄巢军队攻陷洛阳，直逼潼关。潼关的北边有一道可供附近百姓进出的山谷，"平时捉税，禁人出入，谓之禁谷"。既然是"禁谷"，官家"禁人出入"，被禁止出入的人员自然应当包括黄巢一行人等，所以田令孜率领的十万神策军可以无须考虑"禁谷"，只管扼守潼关就行了。而黄巢的军队正是出人意料地从"禁谷"潜入，回兵夹击而攻克潼关的。

　　唐僖宗应当算是个仁君，匆忙出逃长安之前，他竟然还能想到将长安的国库完好地留给黄巢，以免农民军无所劫掠而杀戮长安百姓。但是僖宗皇帝将神策军交给一个对军事"盖阙如也"的田令孜率领，而且令其扼守潼关，岂不是将猪羊送往馁虎之口？

　　我们说到函谷关、潼关，是为了与齐长城诸关口比较，而函谷关、潼关两旁的山岭——譬如崤山——就相当于齐长城扎根于其上的泰沂山脉。我们说起黄巢，是因为他贩卖过私盐，可能有走山谷躲避缉私的经验。黄巢兵败，转战回山东，最后的避难之地就选在泰山的狼虎谷。黄巢的将领想到夜间走"禁谷"，是很自然的。

从济南东南方向的七星台，到泰山北山麓，有一条山谷，旧时经常有行商和香客通行。这条"香客谷"的南口，就是齐长城的锦阳关。清朝咸丰年间闹捻军，锦阳关城墙上就曾经蚁傅攀爬过捻军士兵。捻军可能想起当年黄巢过"禁谷"的历史，但是齐长城一线泰沂山脉虽然有缓坡、有谷口，而每个缓坡、谷口却皆设有配套的城墙关口，没有留下像潼关以北那样的不设防的"禁谷"，所以捻军不如黄巢幸运。尽管除了像锦阳关这样的关口、山谷口，捻军面对的千里齐长城其实只剩下山脊上的断壁残垣，山顶上连个手把红缨枪站岗放哨的都没有。但是攻打锦阳关失败的捻军并没有试图翻越山岭之上的齐长城——此处设防的齐长城关口诚然不好过，而别处巍峨的泰沂山脉肯定更是难爬。（图八、九）

图八　齐长城遗址莱芜东门关

图九　齐长城遗址莱芜锦阳关

我们从大道和关口，看到的是平时的商旅和战时的行军，而这些商旅行为和军事行动并不涉及长城。

《孟子·梁惠王上》有孟子说齐宣王的一段话："今王发政施仁，使天下仕者皆欲立于王之朝，耕者皆欲耕于王之野，商贾皆欲藏于王之市，行旅皆欲出于王之塗，天下之欲疾其君者，皆欲赴诉于王。其若是，孰能御之？"专家们说的"商旅意义"，应当就是孟子说的"商贾""行旅"，外乡商贾希望的是货物通过关口而进入齐国的市场（藏于王之市），行旅希望的是走在齐国的大路上（王之塗），而这些皆与齐长城毫无关系。

齐长城并不具备战争防御意义，真正的战争防御意义不在于齐长城，而在于齐长城扎根其上的泰沂山脉。同样的，齐长城并不具备"商旅意义"，真正的商旅意义不在于齐长城，而在于齐长城的关口，以及贯穿每个关口的南北大道——古人所谓"午道""直道"的便是。而且，所谓齐长城的关口，其实就是泰沂山脉一线的山谷或者山势低缓之处的关口，一般都直冲一条南北大道，即使没有齐长城，这些地方也是要设关口的。

以上涉及或引以为据的典籍皆非生僻古本、罕觏琅嬛，专家们肯定都看过的；齐长城各处关口的地势、地貌，他们肯定也是了然于心的。令人不解的是：当他们炮制、酿造齐长城的"商旅意义"的时候，都把眼前看过的书、脚下走过的路不小心踢到哪里去了？

四　穆陵关下的盐痕迹——防止盐走私的证据

各国都有"关市之征"，所以各国皆有"关市之征"意义上的关口。齐国也有行施"关市之征"功能的关口，所不同者，齐国南边一线的关口是用一道长城串起来的，如此而已。如果没有齐长城，齐国南边关口的"关市之征"功能是很清楚的，而今串起来了，就把齐长城专家们绕迷糊了：就认不出这串冰糖葫芦的主体其实就是原本独立的一个个蘸了糖的山楂；他们忘记了一个常识：吃过一串冰糖葫芦之后，那根贯穿蘸糖山楂的芦苇秆儿——后来是用竹签子——一般是随手弃置路旁的，讲究的同胞是将没用的芦苇秆儿或竹签子扔进垃圾箱的。

齐国行施"关市之征"职能的关口集中在南边一线，而且用一道长城串起来，说明齐国肯定有重磅税利的商品需要特别的海关保护。从这一认识出发，只要了解齐国最具特色、最能获利的商品是什么，就能知道什么物品是齐长城防止走私的重点。

依照笔者原先的行文构思，在此之前，不应当提及"走私"以及"私盐"等，但是事先的设想显然并不现实（譬如笔者不得不说到黄巢）。所以，在笔者终于正式以走私为话题的时候，聪明的读者可能早就将目光瞄向齐国的海盐了。

上个世纪末，笔者在诸城马耳山初次见到齐长城，凭着事先关于《管子》"轻重"诸篇的储备，所以对齐长城的第一眼印象就是：它不是战争防御的产物，而是齐国为了防止海盐走私而修建的。后来将这一认识写成了论文。[①]如今20年过去了，我现在忙碌的，竟然还是重复当年的思路；而市面流行的，依然还是战争防御的不朽陈言。可能学术就是这样，永远争论不休，永远在争论中发展，但愿。

1. 无可替代的食盐

民国时期出版了陈沧来先生的《中国盐业》一书，收入《万有书库》。陈氏在《总论》里说过一番话，至为简单却是很多人未曾想到过的。他说："常人只知道盐味是咸的，却不曾注意世界上有咸味的物品只有盐一种。"仔细想来，五味之中，咸味以外的四种滋味，都可以从许多植物中获得。譬如可以从葱、姜、韭、薤、辣椒获得辣味，从梅、李、柠檬、山楂获得酸味，可以从苦瓜、苦菜获得苦味（《诗经·邶风·谷风》云："谁谓荼苦，其甘如荠"，"荼"就是一种苦菜），可以从桃、李、杏、奈、甘蔗获取甜味。而咸味只能从盐中获取，盐是无可替代的。所以《尚书·说命下》有武丁（殷高宗）赞美傅说的话，说："若作酒醴，尔惟曲糵；若作和羹，尔惟盐梅。"咸味和酸味是五味中最重要的滋味，古人曾经有用梅子代替醋的实践经历，所以语言中就有用梅子代替酸味的修辞（借代辞格）；而咸味则只能是盐，无可取代。所以武丁只能一实指、一借代，说"尔惟盐、梅"。后世归纳《尚书·说命》武丁说的"尔惟盐梅"，于是有了"盐梅宰相"的比喻。

顺便说道：先秦叫"醯"（音 xī），汉代叫"醋"，写成"酢"

①国光红：《齐长城肇建原因再探》，《历史研究》2000年第1期。

（音 cù），就是现在的"醋"（cù）。《三国志·魏书·方技传》记载华佗为人处方，云："向来道边有卖饼家蒜齑大酢，从取三升饮之，病自当去。"华佗说的"大酢（音 cù）"，就是现在说的"（大）醋"（cù）。至于宴会间"主人进客""客酌主人"的主客酬酢，则读 chóuzuò。《周易·系辞上传》云："显道神德行，是故可与酬酢，可与祐神矣。"汉代也是这个说法。《说文》以"酢"为"醋"，而以"醋"为"酢"，"酬酢"就得写作"酬醋"了，但是我们没有见过这样写的 chóuzuò。

武丁表彰傅说的话，从另一个方面肯定了食盐的重要性和不可替代性。而在一个很长的历史时期内，天下唯有齐国产盐，或者唯有齐国的海盐可食而无害，齐国的海盐起到为华夏九州人口的健康五味独当一面的作用。

《尚书·禹贡》记载青州的贡品，突出"厥贡盐絺，海物惟错"这个重点，这说明什么？这说明在《禹贡》所说的时代，以及往后的一段相当长的时期，齐地出产的盐是天下百姓共同仰仗的。那么，到了齐桓公时代，凭着杰出的经济学头脑，管子竟然对《禹贡》千载留名的青州海盐漠然视之，可能吗？

盐是百姓日常生活的必需品，正如管子分析的，"十口之家，十人咶（舐）盐，百口之家，百人咶（舐）盐"，盐是人人每天都离不开的。作为商品，盐的成本很低而利润甚大，而且易于携带，所以一直被走私者看好。食盐比任何商品都容易携带，立马能想到粮食、丝麻纺织品、海产食品（譬如腌制咸鱼虾）、木制器具（譬如耒耜）、青铜制品（譬如青铜镜）、铁器（譬如犁铧）等，走私的难度比食盐要大得多。要应对这些商品的走私，也就相对容易，只要在大路要冲设关口、在边境渡口设边卡就可以了：走私者不可能大车小辆地跋山涉水，他们只能通过设在大路要冲以及桥梁、渡口的关卡。食盐就不同了，走私者肩扛手提就可以走阡踏陌、翻山越岭，就可以在不遑设防的冰河上寻找越境的出路。所以，国家要防止食盐走私，就要在走私者经常翻越的山岭上修建长墙——一道令手提肩扛的人不能翻越的长墙。

顺便说，阻止海盐走私者的长墙，与管仲当年为防止野鹿腾跃逸出而修建的"百里之城"是一样的。

由此看来，作为齐国海关——城楼、关口——附件的齐长城，其防止走私的主要商品乃是食盐。在否定了齐长城的战争防御初衷以及商旅功能之后，齐长城还剩下什么，或者说齐长城还有什么存在的意义？只有从阻止走私，而且主要是海盐走私的角度看，作为海关附件的齐长城才是必备的——齐长城的意义、作用只在于此。

2. 户部侍郎眼中的穆陵关

临朐城东南百里处沂水境内有著名的大岘山，大岘山上有齐长城一线最著名的关口——穆陵关。据顾祖禹《读史方舆纪要》："穆陵关，在青州府临朐县东南百有五里大岘山上，山高七十丈，周回二十里，道径危恶，一名破车岘。其左右有长城、书案二岭，峻狭仅容一轨，故为齐南天险。"（图十、十一）

图十   齐长城遗址沂水穆陵关（一）

大岘山的名气还与一次战争有关，这场战争就是著名的刘裕北伐。北伐战争发生在东晋安帝时，当刘裕的军队未到大岘山之前，南燕征虏将军公孙五楼曾经建议据守大岘山，从海路出奇兵断绝刘裕大军的粮道，而未被慕容超采纳。刘裕原来以为在大岘山会有一场恶战，没想到慕容超并没有在此设防，大岘山与这场战争失之交臂。慕容超主动放弃穆陵关，可能是不欲分散兵力。没有充足的兵力，穆陵关不

图十一　齐长城遗址沂水穆陵关（二）

①《读史方舆纪要》："故益都城在今寿光县北，北齐始移治齐郡城北，隋因为青州治。今城亦曰南阳城。宋武帝克慕容超，夷广固城，以羊穆之为青州刺史。穆之乃筑城于阳水北，名曰'东阳'。其后复筑城于阳水南，名曰'南阳'。盖府城旧有二城，其北城即羊穆之所筑东阳城也。……宋时两城故址犹存，靖康兵烬，入金始并于南阳。明洪武三年，因旧址甃以砖石，环城为池。十一年，建齐藩，复因东阳故址修筑土城，寻以国除而止。今府城周十三里有奇。"

足以据守，国力空虚的慕容超岂能不知？刘裕进入山东之后第一场恶战没有发生在大岘山，令刘裕先是诧异万分，随即也就揣摩出了慕容超的实力；而表面上却故作姿态，以稳定人心，同时也在盘算如何把握将要发生在临朐、广固城下的恶战了。恶战发生在大岘山以北的临朐、广固，这是刘寄奴事先没有想到，而慕容超不得不选择的战场现实。如果慕容超听从了公孙五楼的计策，将兵力分散在大岘山一线据守，有可能失败得更快。慕容超否决公孙五楼的建议，也是经过深思熟虑的——慕容超肯定不是等闲无能之辈。

当年慕容超困守的广固城，大致在益都（今青州市）左近。①

崇祯皇帝最后几年，明朝江山摇摇欲坠，朝不保夕。危难关头，户部侍郎傅国受到异人指点，辞官回到家乡临朐，回到故乡的傅国依照方志笔法写了一部《昌国艅艎》。临朐，古代一度名"昌国"；"艅艎"是吴王的战舰之名，曾经被楚国俘获，终于被公子光夺回——事见《左传·昭公十七年》。傅国用"艅艎"隐喻改朝换代，以抒发亡国在即的哀伤心情，并且寄托有朝一日光复神州、光（吴公子光）复艅艎的愿望。所以《昌国艅艎》其实就是傅国在改朝换代之际修撰的一部地方志——"临朐县志"。

明朝灭亡，清兵长驱直入，屠城，烧杀劫掠不亚于当年"尚首功"的暴秦。傅国之长女从夫家回娘家看望父亲最后一面，傅国劝其留在临朐以避战乱，傅氏女毅然与父亲诀别，回到战尘日近、朝不虑夕的寿光夫家。丈夫张秀才也是进士之后，荷戈守城，失守后战死，傅氏女骂贼不屈被杀害，张家可谓一门英烈。傅国劝其长女留居临朐的话，就是当年异人秘密点化傅国的，说："任大乱频频，然不及朐。"

以上插曲见诸《昌国艅艎·烈妇》，是傅国为其长女所写的"孝烈大家傅氏"一段文字。当年异人预言"任大乱频频，然不及朐"的时候，并没有考虑这里的齐长城，战乱不及临朐，只是因为临朐的山形地势不利于行军、布阵、进攻，以及辎重运输。沿泰沂山脉一线皆是与临朐相似的山形地势，而临朐尤甚，如果从战争防御角度来看，齐长城，尤其是临朐一段的齐长城，完全是多此一举，而临朐境内的齐长城竟然有四道复线。这道从战争防御角度看完全多余的齐长城，以及更显多余的临朐四道复线，肯定另有不为人所知的别样用途。

这令人想到管仲的"百里之城"，"百里之城"里生活着从楚国买来的野鹿。我们已经从《史记·货殖列传》的"乌氏倮"，以及《说文》对"阹"字解释，证明"百里之城"是可信的。而如果想到当年管仲营造的"百里之城"不止一处，临朐山地之所以有四道长城复线，就很好解释了：四道复线可以形成三个"阹"——这里也是管仲用来放养从楚国进口野鹿的好去处。

据《昌国艅艎》记载，当时的穆陵关有碑铭，记载的是元朝至正年间，武德将军、前益都路副达鲁花赤在穆陵关建造戍楼、兵室，据关守隘。至"洪武三年，始设巡检司官一员，领弓兵百余人盘诘"。傅国说："今只领弓兵三十人。"就是明朝末年的情形了。

十四年前笔者带领学生考察齐长城，踏访过大岘山，瞻仰过穆陵关。在穆陵关城门石墙上，还有"九省通衢"之类镶壁镌刻铭文，仰首赫然在目，虽然并非甚为久远的历史遗留，仍然令人感慨万状。

我们从济南市的长清，沿着齐长城一路向东直到青岛市的黄岛，途中曾经特意留心过有无战争的历史迹象。也询问过沿途村里人，有没有发现过旧刀枪、旧戈矛之类的残留。遗憾的是，村里人从来没有见过这类东西，姑且不论青铜戈矛刀剑，就连青铜箭头也难得一见。我们还看到一位镜头中的地方博物君子，可能受到"九里山前作战场，牧童拾得旧刀枪"这句旧诗的影响，天真地追问沿长城一线的农民，有没有捡到过古代的青铜兵刃，镜头中的农夫、农妇一脸困惑，不知所闻，令这位爵位头衔斑驳陆离的年轻博物君子很是失望。

这与当年楚汉交争的广武古战场相比，情况大相径庭。

一度作为楚河汉界的鸿沟，地处河南省荥阳广武山，广武涧南北贯通广武山。历史考古学者有一派认为，广武涧就是当年的鸿沟。李白《登广武古战场怀古》有云："战争有古迹，壁垒颓层穹。"说明李白当时还能看到广武古战场残缺的壁垒。直到20世纪90年代，笔者到广武山鸿沟凭吊之时，还看到过山下村民向游客兜售从当地挖掘出土的箭头（甚至戈头），当地农民还能够分辨出哪是汉王军队射向项王的箭头，哪是霸王军队射向刘邦的箭头。两相比较，作为被专家看好的古代战争多发地——齐长城南北周边，竟然看不到任何长城攻守、刀兵盾牌的痕迹踪影，岂非咄咄怪事？

《昌国艅艎》在《关梁》题下只说了一个穆陵关，傅国如何看待穆陵关，这对我们很重要，他说："孟子云：'古之为关也，将以御暴；今之为关也，将以为暴。'自邹至齐所经正此关耳。余以为孟子固未深于为关之意也。今天下经费，仰给田亩者材十之五耳，他大半仰盐税及关税，宁可以为暴而废之耶？"当年孟子自邹至齐，所经关口就是穆陵关，所以孟子"今之为关也，将以为暴"的感慨也正是针对穆陵关而发。但是傅国认为，国家设立关口的真正用意，并不像孟子理解的那样在于"御暴"；在傅国看来，国家设立关口其实只是为了征收盐税和关税，利益攸关，所以即使有不良有司"为暴"，糟践行旅，国家也不能废止关口，自断经费来源。

请读者注意：傅国做过多年户部侍郎，并且曾经两度督办过辽东军饷，他对关口作用的认识应当是切合实际、极有说服力的。"今天下经费，……大半仰盐税及关税"，此话出于傅国之口，意义不在小可，这证明与全国各地关口一样，穆陵关就是用来征收关税、盐税的，而且主要是用来征收盐税的，所以"今只领弓兵三十人"，仅可收税而已，不过仅可收税也就足够了。

至于关口有没有"御暴"的作用，傅国说："若倚以御暴，则鼠狗辈初不必扬扬入关；大盗千万人为群，岂关所能御哉？"也就是说，关口的"御暴"作用很有限，"御暴"尚且尔尔，遑论战争防御？可见，当年慕容超主动放弃大岘山、穆陵关一带，实属审时度势之计，轻率指其为下策是不公道的，后世旁观者不能仅仅以区区成败论英雄。

"关梁"的主要作用是收税。虽然只有一个穆陵关被纳入《昌国艅艎》的"关梁"题目，但是可想而知，当时齐长城沿线的其余关口，也不会比穆陵关多出一个骈拇功能，它们也同样没有切实有效的战争防御作用。

从战争防御角度看，齐长城一线的关口，虽然都可以缓冲一时，但是归根结底皆不足恃，这就是当年慕容超主动放弃穆陵关的原因。所以，当齐灵公在平阴广里防门的战事受挫之际，鲁国、莒国都会见机行事，想到进攻齐长城沿线的关口（《左传·襄公十八年》，已见前引）。

但是鲁国、莒国都不曾设想过翻越泰沂山脉，这是因为泰沂山脉从来就不是用兵之地，翻山越岭不是目的，而翻越泰沂山脉的行动本身就足以使得鲁国、莒国的士兵溃不成军。所以客军皆无一例外地选择回避泰沂山脉。而鲁国、莒国的军队，以及别的国家的军队回避泰沂山脉的行为，却被误解为齐长城防御功能之所在。这很像是个"狐假虎威"的陷阱：齐长城设了一个陷阱，让平庸思路上当，平庸思路也很配合，于是尽管背后不远就站着个"虎视眈眈，其欲逐逐"的泰沂山脉，却被长城专家们当作齐长城的跟班伙计忽略不计了。我们要学会重视狐狸背后的老虎，掂量清楚走在前面引领风骚的狐狸的真实分量：针对泰沂山脉之上修建的齐长城，闻其"长城"之名随即推论其战争防御之目的，观其一线走势立马想见其战争防御功能，这都是只顾狐狸而忽略老虎的掰指头算数，一不小心就会重数两遍小拇指的。

3. 穆陵关下的盐痕和皇宫里的羊车

我们的齐长城考察仍然在行进途中。似乎是意料之外，又好像是在预料之中，就在齐长城的关口左近，我们找到了当年食盐走私的证据。

我们走在穆陵关下，看到紧靠齐长城的山坡上有一块泛碱的花生地，花生叶蔓明显支离短缺，一个牧羊人将羊群赶往这片山坡地。羊群兴奋地将山坡路旁的野草连根拔起，津津有味地咀嚼。而略微向北，在另一块山坡地上，同样是花生却是枝蔓肥厚，踌躇满志，等待收获。牧羊人告诉我们，当年稽查私盐，全部埋在穆陵关下，羊群喜欢啃食这里的泥土，舔舐泥土里的盐分。牧羊人还说了一个当地古来流传的谚语：修了长城没盐吃。（图十二）

图十二　穆陵关牧羊人（左）与作者合影

这个发现令人振奋。十多年前踏访齐长城的团队和个人为数不多，却也并非一家两家，而唯独我们的小队伍有幸发现了齐长城脚下的盐。这是 2004 年八九月间的事。[①]事实证明，齐长城与食盐密切相关。

穆陵关近前的山坡羊令人想到晋武帝的嫔妃，想到"羊车望幸"的典故。

受演义小说影响（《东西晋演义》，明·杨尔曾著），民间流行的"羊车望幸"故事虽然与《晋书》的记载颇有出入，却是更加生动：晋武帝喜欢独自乘坐羊车在宫中漫无目标地徜徉，任凭拉车的几只驾羊四平八稳地漫步，直到车辕下的群羊倦怠后止步；而羊车停在哪里，就由哪里的嫔妃接待，打点皇帝的食宿；于是希望得到宠幸的嫔妃们，其中玲珑剔透者首先想出诱导驾羊团队就范的妙招——她们在自己椒房周围以及通向椒房的路旁栽种丛丛簇簇的竹子，并在周边路上迤逦撒上盐粒，竹叶和盐粒都是羊群喜欢吃的，于是嚼食竹叶、追踪食盐的羊车自然就来到这些聪明嫔妃的宫苑；驾车羊既已驾临了，羊车上的皇帝也就就范了。这个妙招陆续被其他嫔妃仿效，遂蔚成后宫风气。[②]

千百年前皇宫里的驾车羊和 21 世纪初叶穆陵关下的山坡羊是一样的秉性，按照中医的五行理论，它们的血液里应当五味信息俱全，而获得咸味只能依靠无可替代的盐——我们都应当感谢《中国盐业》的作者陈沧来先生，是他告诉我们：盐是无可替代的——所以它们都需要经常舔舐一定量的盐土。

4. 缴获走私盐的下落

盐的生产成本很低，而价格相对来说却是百倍高昂。走私者购买当地私盐的价格只是略高于成本价，却低于公家盐很多，于

①据周丙华日记，这天是 2004 年 8 月 31 日。
②《晋书·列传·后妃上》："并宠者众，帝莫知所适，常乘羊车，恣其所之，至便宴寝。宫人乃取竹叶插户，以盐汁洒地，而引帝车。"

是盐走私的生意古来就有而且绵绵不绝。

《山海经·北山经》："……景山，南望盐贩之泽，北望少泽……""盐贩之泽"出现于《山海经》，意义重大，不可低估，这证明盐走私自古而有之，甚至早于我们想象的管仲时代。所谓"盐贩之泽"肯定是盐走私者麇集或者隐蔽之地。

唐朝僖宗时代发生了彻底动摇大唐根基的黄巢起义。《旧唐书》有黄巢传记，云："黄巢，曹州冤句人，本以贩盐为事。"黄巢是载诸史书的盐贩，很有代表性。旧时走私盐贩往往结队成伙，有的还有武装，领头的老大被官家称为"盐枭"。"本以贩盐为事"的黄巢大概就是个领头的盐枭，走私贩盐往往意味着与官家对抗，生意落魄的黄巢最后选择揭竿而起。

走私盐成交时的价格主要高在运费上，个体走私者赚的是长途跋涉的辛苦钱。设想春秋时期，一个胁裹二三十斤盐的走私者一旦被查缴，或者在查获之前将私盐弃置，他损失的只是从原产地购买走私盐的钱，这笔钱其实微乎其微；但是他白费了一路吃嚼，长途跋涉一无所获，令他痛心的主要是这一路风餐露宿的辛苦。再设想那些稽查的官员，他们成功地截获了二三十斤走私盐，这二三十斤私盐该如何处置，却成了问题：这些盐不能私吞私售，更不能让左近百姓分享，因为这形同坐地分赃；也不能返程运回或者上缴官家，因为盐的成本价格大大低于运费；他们只好选择将这些缴获来的走私盐深挖坑就地掩埋。也可能是这样：某朝某代官家硬性规定，私盐缴获必须就地掩埋，以杜绝缉私者染指牟利。后者的可能性更大。这就可以解释，为什么穆陵关近前山坡上数千年后仍然有盐花浸浸然上泛了，而且为什么稍微远处就没有盐花了。

没修长城之前，这里的百姓可以从落脚的走私者手里获取免费的食盐，修了长城之后，有司肯定在附近百姓家行施稽查。我们在穆陵关下见到的那个牧羊人就曾经告诉我们，村里人世代口耳相传，说：当年挨家挨户搜查私盐，尽数深埋于长城下，于是就有了"修了长城没盐吃"的谣谚。这句谣谚以及与之相伴随的传说，其来源肯定十分古老。

穆陵关左近的关顶村和富民村，是后来在废弃的齐长城上修建的村落（所以村名"关顶"）。这里的村民往往从田地里挖掘土块，放在自家院子里，供山羊啃食，可见当年关口就地掩埋的走私盐数量之巨。这么多的走私盐掩埋于此，足以证明穆陵关的税收功能，也足以证明齐长城防止海盐走私的巨大作用。（图十三）

笔者认为，我们已经证明了一个重要历史事实：春秋时期齐国的经济主要是海盐经济。齐国的海盐经济，亟需这道齐长城；毫无疑问，齐长城是为了阻止盐走私而修建的。

图十三　农家将旧宅基地的土堆在院子里，供山羊舔食

第五章

最早开发齐地的莱夷人

一 "禹贡"和莱夷人

我们曾经设想，莱夷人应当履行向历代王朝进贡海盐的义务，《尚书·禹贡》篇规定的贡赋义务曾经阅历夏商周三代王朝一直有效。现在看来这只是自我虚拟的主人翁立场使然（人们经常虚拟这种主人翁立场）。《禹贡》关于青州"厥贡盐絺，海物惟错"的记载毕竟是个历史概念，既不是莱夷人现场接受夏禹的训导，也不是商王现场对莱夷人发话。所以莱夷人应当不应当承认这个古老概念，是否遵从这个古老概念行事，可能就是另一回事了。

事实证明，《尚书·禹贡》篇规定的九州贡品，在某种意义上确实是理想化的。譬如规定荆州进贡苞茅，但是后来入主荆州的楚国人并不履行这个义务。在管仲向楚国使者追责"尔贡苞茅"义务的时候（《左传·僖公四年》），"苞茅不入"很早就是往年常态了。

相提而论，原来蕃养生息于此地的莱夷人，在其首领接受商王朝的封号后的一段时间内可能是向王朝进献贡品的，莱侯向殷商王朝贡献的特色物品就是海盐（海盐是"厥贡盐絺，海物惟错"的重点）。但是对《禹贡》篇的理解本来就颇有分歧，譬如进贡一方可能理解为这是向王朝归顺的象征，而且这个理解很可能就是《禹贡》篇之本义；而接受进贡的王朝就有可能在目光逐渐向特殊贡品聚焦的同时，也就滋生出了得寸进尺的心理诉求。殷商王朝的国库钱财不足以支撑日渐庞大的经费开销，他们想到利用莱夷人的海盐可以获得丰厚的利益。而莱夷人只是靠其海盐谋生计，他们没有殷商人的商业头脑，这就更加激励殷商王朝对莱夷人的滨海盐场产生觊觎的念头。

　　说殷商王朝可能觊觎莱夷人的盐场，这就意味着，我们是在假设渤海之滨的盐场实际上并不属于商王朝。史乘虽然划此地为殷商王朝版图，但是史乘并不现场支持商王朝对这个盐场的实际控制权。《尚书·周书·多士》有周公训诫殷商亡国贵族的一句话，说："惟尔知：惟殷先人有册有典。"殷商人的典册没有传下来，但是甲骨卜辞传下来了，而甲骨卜辞并不支持商王朝对莱夷盐场的所有权和支配权。因为假如渤海沿线盐场属于殷商王朝，王朝应当委派官员前往管理，而卜辞中看不到诸如官员赴任、卸任、往复来返的任何信息。所以，我们认为这一带盐场并不属于殷商王朝所有，而有可能一直被莱夷人把控。

　　新世纪初叶，在寿光市区以北 30 里双王城水库发现了殷商时期全国最大的盐场。殷商时期最大的盐场就在莱夷人的地面上，但是这个殷商时期最大的盐场之归属权尚不能断定。在王朝看来，"普天之下，莫非王土。率土之滨，莫非王臣"，渤海滩涂既在"王土"范围，"王土"范围内的盐场当然应当归王室所有。而世代生活于斯的莱夷人可能并不这么看，象征性地交纳一定数量的贡品，可以确保莱侯的地位，避免跟一个虽然不亲近却能够带来战争灾难的王朝大动干戈，这点"厥贡盐絺，海物惟错"的贡品牺牲还是值得的。

　　"禹贡"这个词无疑是最高统治者发明的。统治者们（他们都是《尚书》中所说的"文人"）只要创造出"禹贡"这个词，将这个词置于语言之中，再让这个词与已经有的一两个词——譬如"九州""嵎夷既略""厥贡盐絺"等——联系起来，就能生发出统治者预想的一系列效果：包括王朝的天命合法性，行政的正确性，等等。姑且不论原因，只看结果——创造"禹贡"这个词的人群由此便控制了一个长达数千年的专利话语权。于是占据中原的各代王朝就合理合法地受用各方国的"职贡"方物，受到册封的各方国诸侯，各地方的土豪头人，也就各自责无旁贷地拜领了不同的"九州""禹贡"义务。

　　当年的莱侯国最初也是向殷商王朝交纳海盐贡品的。

二 殷商王朝对潍夷的战争

1. 甲骨文"泺"字与趵突泉

《春秋·桓公十八年》："春，王正月。公会齐侯于泺。"杜预注："泺水在济南历城县，西北入济。"王恩田先生从"伐淮夷"的甲骨卜辞认出了"泺"字，遂根据《春秋》"公会齐侯于泺"的记载和杜预注，考证卜辞"泺"就是泺水之源，就是现在济南的趵突泉。①王恩田先生考证的要点在于：商王征伐淮夷途中曾经在"泺"地驻军。笔者对此观点非常赞同，也非常欣赏，认为这是很了不起的发现。

当然，淮夷就是《禹贡》篇"海岱及淮惟徐州"的淮夷，笔者当时对这一观点也是认同的，而未曾深入思考。当时我的兴趣在趵突泉。

《春秋·桓公十八年》杜预注的后边，旧注收了陆德明《经典释文》的注音，云："泺，卢笃反，又力角反，一音洛。《说文》匹沃切。"泺字的"匹沃切"注音令读者惭愧：我竟然忘记了小时候（20世纪50年代初）见过的"小人书"上就有这样写的"水泺（泊）梁山"。

现在传世的《说文》有宋人用《集韵》补的反切，泺字下反切是"卢谷切"，②与陆德明说的"《说文》匹沃切"者不侔。针对这个"《说文》匹沃反"，段注云："此盖《音隐》文也。"段玉裁还引用玄应《一切经音义》："凡陂池，山东名为泺，匹博切。邺东有鸬鹚泺是也。"段氏复按曰："泺、泊古今字，如梁山泺是也。"匹沃切（或匹博切）的泺（泊）字，与趵突泉的"趵"字，

①王恩田：《甲骨文中的济南和趵突泉》，《济南大学学报（社会科学版）》2002年第1期。
②《钜宋广韵》入声二沃韵，释泺字云："水名，在济阳。卢毒切，又力各切。"泺字又收入入声十九铎"落"字小韵，卢各切，释云："水名，在济南。又音禄。"

其古音是十分相近的。

《说文》允部有尥字，释云："行胫相交也。从允、勺声。牛行脚相交为尥。"尥字从允，意味着尥字的本义需要在允字上落实。《说文》释允字："跛，曲胫也。从大象偏曲之形。"允字形意为跛脚曲胫，所以从允的尥字的本义是指小腿（胫）左右交叉的走路姿势，是一种病态脚步。但是笔者注重的并不是尥字的本义，而是尥字的读音：这个读"力吊切"尥字，与力角切、力竹切的泺字——泺水、泺源的泺字，其上古音相同：都是上古入声药部。

小篆允字形象大人而瘸腿，后来隶定为允，从允的字往往示意腿脚毛病。譬如瘸腿的尳字从允（《说文》跛字从允作尳），后来因为所从的允字不好写，改为从足的"跛"。

"行胫相交"的尥，引申为口语的"尥脚"。尥字从允，也会遇到如同"尳"字的尴尬。所以从尳——跛之演变推论，"趵"字之从足，可能是从"尥"变形来的。

上古泺字有两个读音：一个是来纽、药部韵；另一个是"匹沃切"（今音 po），上古滂纽、药部韵。来纽的泺与尥字同音，滂纽的泺（匹沃切）与趵字读音十分接近：泺字滂纽，趵字帮纽。

泺字的两个读音凑巧一个与尥字同音，一个与趵字相近，这说明尥字、趵字原本就是异体字，曾经有 liao、bao 两个读音。尥、趵二字的字形经历与尳、跛相同，尥、趵二字的读音经历与泺（luo）、泺（po）相同。后来，可以读 liao，也可以读 bao 的趵、尥分工：趵字只读 bao，相当于"水泺梁山"的泺（泊）；而尥字只读 liao，相当于泺水的泺——趵字从尥字变形的事实就湮没无闻了。

趵字从尥字变化而来，跛字从尳变化而来，两者是相同的变化。趵字、尥字曾经有 bao、liao 两读音，其经历与泺字相同。所以，笔者认同甲骨卜辞的"泺"就是泺水之源，就是济南的趵突泉。

2. 卜辞"伐淮夷"质疑

但是后来笔者对于商王途经泺水之源征伐淮夷一事忽然心生怀疑：商王这是伐淮夷吗？从洹水之上的商都（朝歌）向东略偏北方向是泺（济南），再往东不远是营丘（临淄）——殷商时期的营丘就是莱夷地——总行程不过千里之遥。而东南方向的淮夷距离商都肯定不止千里。商王伐淮夷为什么放着一条近得多的通向东南的道路不走，一定要走这么一条先向东、再向南的近似等边三角形两边的曲折路线呢？商王行军曾经驻扎于"泺"，这是不会错的，但是经过济南而欲征伐的这个"夷"一定就是"淮夷"而别无选择吗？我们不能忘了，除了济南南偏东方向的"淮夷"，还有济南东方的莱夷、潍夷呢。殷商时期居住于齐地的夷人可能就是一种，以业渔盐为主，而兼业畜牧，所以有时游牧于莱、潍一带，不恒其居，随其地域侧重，或称莱夷，或称潍夷，而典籍有时统称"东夷"。

淮字从隹声，潍字从维声，而维字从隹声，淮字与潍字归根结底都是从"隹"得声。所以卜辞所说被殷商王朝征伐过的这个"夷"，还真不一定就是"海岱及淮惟徐州"的淮夷。

《尚书·禹贡》篇于"海岱惟青州"下随即说道："嵎夷既略，潍淄既道。"这个"嵎夷"就是生活在潍水、淄水流域的潍夷、莱夷。殷商王朝与潍夷、莱夷差不多正东正西方向，所以商王伐潍夷、莱夷，必定经过泺水之源的"泺"——必须经过现在的济南趵突泉。这就是说，如果殷商大军伐潍夷，"泺"就是必经之地；但是如果殷商伐淮夷，淮夷在殷商东南方向，王朝的大军就完全没有必要经过"泺"了——就不一定走济南了。

3. 典籍记载过殷商伐"东夷"

"东夷"的事与杞国颇有关系，杞国的事又与莒国、鲁国相关。

《春秋·隐公四年》记载："莒人伐杞，取牟娄。"《春秋·桓公十二年》记载，此年六月"公会杞侯、莒子，盟于曲池"，《左传》解释此事，曰："平杞、莒也。"莒国攻打杞国，夺取牟娄，说明杞国邻近莒国。而鲁桓公与杞侯、莒子于曲池会盟，是希望调停两国关系。半个世纪后，杞国似乎又不得安生。

《左传·僖公十三年》："夏，会于咸，淮夷病杞故，且谋王室也。""会于咸"之后的第二年春天，"诸侯城缘陵，而迁杞焉。"这次是杞国遭受淮夷的侵凌，不得不迁移。诸侯"会于咸"就是商定杞国迁往缘陵的事。杞国迁往的缘陵就是现在的新泰市附近。但是，迁往缘陵的杞国仍然让诸侯各国不得消停。

自晋文公开始，晋国数世为盟主，晋平公的母亲是杞国女子，所以晋平公召集诸侯国，另为迁往缘陵的杞国修建都城。《春秋·襄公二十九年》记载其事，曰："城杞。"《左传·庄公二十八年》解释"筑"与"城"（动词）的区别，云："邑曰筑，都曰城。"所以，这次"城杞"是为杞国修建都城——都城是建有宗庙的。紧接着"城杞"之后就是"晋侯使士鞅来聘"——注意，"来聘"是来鲁国聘问。《左传》解释其事，曰："范献子来聘，拜城杞也。"是说晋国为"城杞"的事专门感谢鲁国。晋国并特派司马女叔侯来鲁国处理划拨给杞国田地的事宜，女叔侯没有按数全部将田地划给杞国，《左传》的措辞是："晋侯使司马女叔侯来治杞田，弗尽归也。"——归字读为馈，馈赠也——女叔侯没有将划拨田地尽数交给杞国。此事引起平公之母——《左传》称"晋悼夫人"——不满，鲁襄公将晋悼夫人的不满转告女叔侯，于是就有女叔侯的一番话："杞，夏余也，而即东夷。鲁，周公之后也，而睦于晋。……何必脊鲁以肥杞？"

"莒人伐杞，取牟娄"，说明杞国与莒国为邻；"而即东夷"，则说明杞国也与东夷人为邻。

曰"来聘拜城杞"，曰"来治杞田"，曰"弗尽归"，曰"脊鲁以肥杞"，这说明晋平公要求诸侯为杞国修建的都城就在鲁国境内，划拨给杞国的土地就在鲁国的东偏。所以这次"城杞""治杞田"的结果使得杞人栖息之地向西移动。另据《左传·昭公七年》记载："晋人来治杞田，季孙将以成与之。"季孙氏答应给杞国的"成"是孟孙氏之地。可见晋国派人要求增加的"杞田"也在鲁国境内，也是鲁国地。晋国对鲁国有没有相应的补偿，不得而知。

《左传·昭公十一年》记载晋国叔向答韩宣子问，有云："桀克有缗以丧其国，纣克东夷而陨其身。"明确说的是殷商王朝对"东夷"的征讨。

《左传·昭公四年》记载，椒举规谏楚王不要摆谱、摆阔气，也不要奢求于诸侯（"楚子示诸侯侈""示诸侯汰"），云："商纣为黎之蒐，东夷叛之。""为黎之蒐"导致"东夷叛之"，说明"黎"就是东夷；黎、莱一声之转（上古来扭、之部韵），所以商纣王的"黎之蒐"就是"莱之蒐"，而不是"淮之蒐"。诛求无厌的"黎（莱）之蒐"导致"东夷叛之"，所以椒举说的背叛殷商王朝的"东夷"就是莱夷。这也可以证实《左传》屡屡道及的"东夷"往往就是莱夷、潍夷。

按《春秋左传》记事，对莱夷、淮夷有时皆以"东夷"称。莱夷灭国后，淮夷遂专称"淮夷"。而另有"东夷"，既非灭国之前的莱夷，亦非淮夷——头绪颇为纠葛。不过无论如何纠葛，《左传·昭公四年》椒举说的"商纣为黎之蒐，东夷叛之"，明确将"黎之蒐"与"东夷叛之"画等号，已经足以证明东夷就是"黎"（莱）了。故大略说之如上，不赘。

现在回顾《左传·僖公十三年》"夏，会于咸，淮夷病杞故"的那句话。能使鲁国的东邻、而与莒国接壤的杞国受"病"的，肯定不会是两淮的"淮夷"，而应当是潍水流域的"潍夷"，发生在僖公十三年的"淮夷病杞"，其实是"潍夷病杞"——字形相近而致误也。

可见，卜辞被商王朝征伐的"淮夷"应当是典籍总称"东夷"的"莱夷""潍夷"。人们将卜辞的"潍夷"错认为"淮夷"了——这与《左传》将"潍夷病杞"误认作"淮夷病杞"，是一样的错误。

20世纪90年代，中国社科院历史所在山东新泰市召开"杞文化研讨会"，使得笔者有了一次"观国之光"的机会。孟世凯先生主持会议，大家风范，所以记忆深刻。会上观点颇不能一致，笔者基本认同王恩田先生对于杞国的观点。以上论述杞国，对王先生的观点颇有借鉴，而笔者亦有所弥缝、修葺、侧重。不敢掠美，特此声明。

另外，《史记》有《陈杞世家》，云："武王克殷纣，求禹之后，得东楼公，封之于杞，以奉夏后氏祀。"可见杞国虽然是"夏余也"，却是经过周武重新封国，使之承祀夏后氏的。所以作为中原霸主的晋国自始至终看顾杞国，还不止是因为晋平公母亲是杞国女子的缘故。

4. 殷商王朝征伐潍夷的原因

典籍有"东夷"，有"淮夷"，但是典籍明显支持殷商王朝征伐"东夷"，却并不支持征伐"淮夷"，而且《左传》说商纣王征伐的"东夷"，度其方位，应当是活动在现在山东中部、东部地区。所以，卜辞中反映被殷商王朝征伐过的所谓"淮夷"，未必不是"潍夷"。

我们不知道殷商王朝征伐"淮夷"的原因，但是商纣王有充分的理由讨伐"潍夷"。

接受了《禹贡》安排的贡赋指令，同时也就获得了在齐地的合法统治权，对莱侯来说这是合算的。但是海盐的利润太大了，青州"厥贡盐絺"的标的太张扬了，太诱人了。殷商王朝需要加强其统治，需要对不服王化的方国施行征讨，这些都要靡费大量钱财。可钱从哪里来？几代商王的目光自然会瞄上青州地面的海盐，要求加大贡赋，或有可能对盐场所属权动过心思，甚至有言辞、行动。对加重贡赋甚至染指盐场的言辞和行为，莱夷人肯定会进行辩驳和反击，这时候就会爆发中原国家政权跟地方势力之间的战争。

当殷商王朝祭起他们的《禹贡》篇，作为衅血的战旗向莱夷人挥舞，威胁莱夷人（也就是潍夷人）的时候，莱夷人的想法可能很简单：海盐是上天赐给齐地土著的"天齐"①，违天不祥，守

① 《史记·封禅书》："齐所以为齐，以天齐也。"

卫上天所赐，才是合乎天理的。于是王于兴师，挥戈潍夷，就势在必行了；潍夷人奋起反抗，以捍卫自己的利益，也就很自然了。

伐莱夷的战争使殷商王朝国力消耗殆尽，这给兴于岐山的文王、武王提供了绝好的机会。所以，当武王克纣之后不久，人们随即也就明白了：征伐莱夷的战争是殷商王朝覆灭的主要原因。晋国贵族叔向说的那句"纣克东夷而陨其身"（《昭公十一年》，已见前引），代表了当时政治场合的公论定评。

殷商伐莱战争导致两败俱伤，商王朝覆灭了，被殷纣王"蒐"过的"黎"①——也就是莱夷人——也无力争战了。所以，当太公望就国营丘的时候，居然没有遭到任何抵抗。我们对当年莱夷人默然面对姜太公入侵的反常举动，不是还一直纳着闷儿吗？

殷商王朝征伐莱夷——潍夷，与后来管仲与莱夷人的争战，其原因差不多是一样的。知道管仲为什么攻打莱夷了，也就明白殷商王朝为什么不惜耗尽国力征伐东夷了。

"匹夫无罪，怀璧其罪"。天下独一无二的青州海盐，就是莱夷人遭受殷商王朝和齐国打压的唯一原因。

三　齐国与莱夷人的关系

1. 太公望奠定的怀柔政策

太公望在营丘建国，以"齐"之地命国，故称"齐太公"。《齐太公世家》："太公至国脩（修）政，因其俗简其礼，通商工之业，便鱼盐之利。而人民多归齐，齐为大国。"由此可知，齐太公是因袭莱夷旧国原来的"商工之业""鱼盐之利"，在此基础上发扬光大，"通"而"便"之，进而获得成功的；甚至后来被管仲

①《左传·昭公四年》椒举云："商纣为黎之蒐，东夷叛之。"已见前引。

看好的"渠展之盐"，也肯定是莱夷人最先开发的。管仲是在莱夷人、齐太公的基础上选择、发展齐国最具优势的海盐，并从而充分发挥他最擅长的商业经营而获得成功的。

《齐太公世家》说太公"东就国，道宿行迟。逆旅之人曰：吾闻时难得而易失。客寝甚安，殆非就国者也。太公闻之，夜衣而行。犁明至国，莱侯来伐，与之争营丘。营丘边莱，莱人，夷也。会纣之乱而周初定，未能集远方，是以与太公争国。"《正义》引《括地志》："营丘在青州临淄北百步外城中。"这节叙述向后世渗透了大量的历史信息。譬如，在太公未来营丘之前，这里就是莱夷人的地盘，殷商末世动荡的政治时局，可能会催生莱夷人脱离中原王朝羁绊、自做寨主的念头。神秘的"逆旅之人"在政治上认同中原王朝，才告诫太公，客店主人的告诫使太公猛然醒悟，遂领兵夜行赶往营丘。闻听营丘被外敌入侵，莱侯领兵救援，也只是做做样子，其实并未动干戈。莱侯撤兵了。

《齐太公世家》有关键一点说得含糊其辞，就是：太公望"就国"之前，营丘一带，甚至整个齐地，究竟是谁家的地盘？这个问题，《尚书·禹贡》本来就有明确的答案，云："嵎夷既略，潍淄既道。"无论怎么理解"嵎夷既略"——不管是青州被"嵎夷"经略，还是"嵎夷"被华夏经略——都不能否认"嵎夷"人原来一直居住于青州的事实。所以《管子·轻重戊》篇管仲回答桓公的问话，云："齐者，夷莱之国也。"其根据就是《尚书·禹贡》。可见，齐地本来就是莱夷人故国，太公望就国于齐，其实是外来户"侵占"了土著的领土，这一点毋庸置疑。而且在"嵎夷"话题下的"潍淄既道"，证明"嵎夷"就是生活在潍水、淄水流域的莱夷、潍夷人，莱夷、潍夷人就生活在现在的淄博、潍坊一带，包括该地区以北——博兴、广饶、寿光、昌邑、莱州一带的滨海滩涂。

我们注意到《齐太公世家》的这句"莱侯来伐"，"莱侯"是对莱夷人首领的称呼。这个称呼听起来有些来头。周武王推翻殷商王朝之后，随即封建诸侯，首封者皆是姬姓王族本家以及外姓功臣。外姓功臣最初就只有一个姜姓的齐国（外姓的楚国是后来封的）；再就是作为"兴灭国继绝世"典型的商纣王之子武庚禄父，武庚之后，相继受封的有虞舜之后人胡公妫满（封于太昊之虚，国号陈），还有夏禹之后的杞国，太岳之后的许国，任姓的薛国等。莱夷首领的"莱侯"头衔可能不是周王朝封的。

与杞国一样，莱夷国也是夏后旧国；所不同者，杞国是周武王克殷之后受封的，而莱夷国可能是殷商王朝所封建，却没有得到有周王朝的认同。所以《左传·襄公二十九年》记载晋国司马女叔侯的话，云："杞，夏余也，而即东夷。"女叔侯的这番话可能就是针对这种情况：有周王朝封建的夏后氏之旧国杞国，与有周王朝并未正式承认的"莱侯"国交往过密——尽管可能是出于迫不得已的无奈之举。

莱夷人是被迫退出营丘故地的，但是却没有战事发生，这很奇怪。但是设想莱夷人刚刚遭受殷商王朝的征伐，惊魂甫定，气喘吁吁然尚粗，就好理解了。此时，也只有此时，面对太公望大军压境，莱夷人是无力抵抗的。初来乍到的太公望也不希望大动干戈，或有可能与莱夷人达成了某项协议，两家各不相犯。让出营丘的莱侯，仍然固守营丘以北、以东的大片区域。

《齐太公世家》对莱侯与太公争国这一重大历史转捩叙述得过于简单。但是从这段齐、莱交争的历史，联系"太公至国修政，因其俗简其礼。……而人民多归齐"，可以看到，太公很快就赢得了莱夷人的信任，逐渐"归齐"的"人民"应当主要是莱夷人。姜太公治下的齐国局势比较稳定，在"因其俗简其礼"的字面之下肯定有太公望对莱夷人的优惠政策，沾益于优惠政策的莱夷人自然会拥戴太公望。

总之，齐太公就国之初虽然引起过莱夷人一时的骚动，但是骚动很快就消弭了；这段短暂的骚动可能是莱夷人对中原王朝政府不信任的条件反射。齐太公在齐国实行的"因其俗简其礼"，可能一反殷商王朝常态，对莱夷人行施怀柔政策，所以很快形成了"人民多归齐"的局面。

斗转星移，当齐国的历史揭到齐桓公这一页，管仲需要发展海盐经济，而莱夷人眼看着自身利益由当初日见蚕食而终于显露出瓦解之势的时候，两家的矛盾也

就日趋激化起来。此时齐国雄厚的国力已经完全足以用武力最终
解决纠纷，于是管子伐莱战争就势在必行了。

2. 管子对莱夷人的战争

《管子·轻重乙》记载了一次齐桓公对莱夷人的战争。这场战
争时间很短，以莱夷人彻底失败告终："桓公终举兵攻莱，战于莒
必市里。鼓旗未相望，众少未相知，而莱人大遁。故遂破其军，
兼其地，而虏其将。"

这场战争自始至终皆出于管子擘画，管子为这场短暂的战争
事先做了较长时间的充分准备。为筹备战争犒赏费用，管仲在战
前动员会上提出"素赏"新概念。所谓"素赏"者，表面上似乎
就是现在说的"空头支票"，而其实大不相同。管仲"素赏"背
后虚拟的赏金是以优于奖赏的实际礼遇代替的。

管仲在战前检阅士兵，以重赏激励战士的士气，许诺对"陷
陈（阵）破众者""得卒长者"皆"赐之百金"，对"执将首者"
"得千人垒者"，[①]皆"赐之人千金"。结果累计一朝赏赐士兵四万
二千金——这是齐国一年的税收数。当然，当场许诺的这四万二
千金只是口头"素赏"，但出人意料的是，这场虚拟的"素赏"配
合以相应的礼遇尊重，却实实在在地振作了士气。当场受到"素赏"
的士兵可以享受"百人之长""千人之长"的礼遇：他们本人，分
别受到大将以"朝礼""拜而送之，降两级"——下两个台阶拜送
的优待，等于是分庭抗礼。他们的父母妻子皆能按时把节地得到官
家的酒肉馈赠。"素赏"作为一种教化，行教半年，就形成"父教
其子，兄教其弟，妻谏其夫"的局面，父兄妻子们于战前叮嘱亲人，
说："见礼若此其厚，而不死列阵，可以反于乡乎?"[②]

管仲的"素赏"教化振奋了齐国士兵的士气，伐莱之战一鼓

① 上引《轻重乙》
"得千人垒者"，尹
注本原作"得者垒
千人"，不辞，戴
望《校正》引丁氏
云："当作……得
垒千人者"，亦非
尽如人意。笔者据
丁氏，而参以己
意，定为"得千人
垒者"。

② 所引《轻重乙》
"见礼若此之厚"，
尹注本原作"见其
若此之厚"，《校正》
引王氏，云："'见
其'，当依《治要》
作'见礼'。"今从
之。

获胜，杀伤无多，而迫使莱侯退出渤海滩涂故地。尽管莱侯让出渤海滩涂故地，而归化的莱夷百姓则可能仍然居住故土，成为正式的齐国子民。管仲伐莱战役证明"素赏"的教化作用胜过一般的金钱奖励办法。

管仲对莱夷人的战争，自然是为了争夺海盐产地。《管子·国蓄》篇说过："利出一孔者其国无敌，出二孔者其兵不诎，出三孔者不可以举兵，出四孔者其国必亡。"管仲执政期间，齐国与莱夷人一直围绕着渤海滨海地区的海盐明争暗斗，长期不能改变利出"二孔"的局面，伐莱战争就是为了堵塞"利孔"，使齐国真正做到"利出一孔者其国无敌"。

至于伐莱战争的时间，可能是齐国部分控制海盐生产、销售之后。而无论当时齐国控制海盐生产、销售份额情况如何，这场战事都是齐国与莱夷政治经济关系的必然结局，是历史的必然。这场战争的胜利为管仲的海盐文章铺垫了更为海阔天空的舞台。

3. 莱侯国的覆灭

管子伐莱夷大获全胜，莱夷势力从此一蹶不振，但是莱侯并没有销声匿迹。有几次伐莱战争见诸《春秋》以及《左传》，都很简略。

《春秋·宣公七年》有"公会齐侯伐莱"的记载，这次"伐莱"是由齐国发起的，鲁国不得已而参与其事。[1]两国联兵，说明遭受征伐的莱夷可能在鲁国的东北方向、齐国的东南方。

《春秋·宣公九年》记载："齐侯伐莱。秋，取根牟。"《左传》解释说："取根牟，言易也。"可见莱夷已经不堪一击。

《左传·襄公二年》记载齐国攻打莱夷，颇有一点情节：

> 齐侯伐莱，莱人使正舆子赂宿沙卫以索马牛，皆百匹，齐侯乃还。君子是以知齐灵公之为"灵"也。

① 《左传》解释其事，云："公会齐侯伐莱，不与谋也。凡师出，与谋曰及，不与谋曰会。"杜预注云："与谋者，谓同志之国相与讲议利害，计成而行之，故以相连及为文。若不获已，应命而出，则以外合为文。皆据鲁而言。"

莱人向宿沙卫行贿的"索马牛"可能就是索地出产的马牛，今桓台北部有索镇，应当就是"索马牛"的产地。"索马牛"说明现在的桓台北部一带当时还是莱夷人的地盘，他们居住在或者游牧于这一带草莽滩涂，固守着故国乡土。

齐灵公退兵，朝不虑夕的莱夷人得以苟延残喘。这大概是春天的事。夏天，鲁襄公夫人齐国女子姜氏薨，齐灵公召唤莱子赴鲁国参加会葬，"莱子不会，故晏弱城东阳以逼之"。须注意，当年的"莱侯"现在已经沦落为"莱子"了。

五年后，莱夷之国终于灭于齐国。

《春秋·襄公六年》记载："十有二月，齐侯灭莱。"这次灭莱战争连续一年时间，《左传》叙述其事颇凌乱，大体情况是：襄公五年，"四月，晏弱城东阳，而遂围莱。甲寅，堙之环城，傅于堞"。莱侯被晏弱包围，第二年的春天，莱夷人企图解救莱侯："王湫帅师及正舆子、棠人军齐师，齐师大败之。……莱共公浮柔奔棠。""四月，……晏弱围棠，十一月丙辰，而灭之。迁莱于郳。高厚、崔杼定其田。"

莱共公浮柔失国，被迁移到郳地，莱夷国从此退出历史舞台。

晏弱修筑东阳城，是为了堵塞莱夷人的南北东西通道，进一步威逼莱夷。"城东阳"，说明东阳不小，是"都"的规模，而不是一般的"邑"（《左传·庄公二十八年》："邑曰筑，都曰城。"已见前引）。这个"东阳"很有些说道。

若干年后，东晋末年刘裕北伐慕容超，夷平广固，以羊穆之为青州刺史。羊穆之先后在阳水北岸筑东阳城，在南岸筑南阳城。东阳、南阳双城就是羊穆之的青州治所，也就是后来的益县、益都，即现在的青州市。①

①顾祖禹《读史方舆纪要》载："益都城，在今城北。汉武封淄川懿王子胡为益都侯，邑于此。后并入益县。三国魏复置益都县，晋改置利益县，属乐安郡。刘宋复置益都县。志云：故益都城在今寿光县北，北齐始移治齐郡城北，隋因为青州治。今城亦曰南阳城。宋武帝克慕容超，夷广固城，以羊穆之为青州刺史。穆之乃筑城于阳水北，名曰'东阳'。其后复筑城于阳水南，名曰'南阳'。盖府城旧有二城，其北城即羊穆之所筑东阳城也。……宋时两城故址犹存，靖康兵烬，入金始并于南阳。明洪武三年，因旧址甃以砖石，环城为池。十一年，建齐藩，复因东阳城故址修筑土城，寻以国际而止。今府城周十三里有奇。"

筑于阳水北岸的城邑，不曰"北阳"，而曰"东阳"，这说明东阳城之命名必然有所根据。可以推论，羊穆之的"东阳"大概就筑在当年晏弱所"城东阳"的废址上，所以因袭了晏弱故城的名字。

四　渤海之滨的盐场

《管子·轻重戊》篇有管仲回答桓公的问话，云："齐者，夷莱之国也。"这句话意味着太公望一行人马就国于齐，是鸠占鹊巢——齐地原本是莱夷故国。《史记·齐太公世家》说的那句"营丘边莱"，其实是时过境迁的话语，是营丘被太公望占据之后的齐地形势。但是据此可知，初来乍到营丘的太公望一行与莱夷人的生活区域紧邻。总之，太公望就国于齐之前，莱夷人占据着大半个青州。太公望就国之后，逐渐与莱夷人平分秋色："海岱惟青州"，莱夷人占北边的"海"，太公望占南边的"岱"，营丘的北边以及整个东部地区都是莱夷人的地盘。

现在的临淄以北正对着博兴，博兴以东就是广饶、利津、寿光、昌邑。太公望就国后，莱夷人就生活在现在临淄、潍坊、昌邑、莱州（旧掖县）一线的北部，以及整个胶河东部地区，后来逐渐失去营丘以北的西部地区，向东退缩。

博兴、利津、广饶、寿光、昌邑北部一带是一片盐碱地，很早就是海盐产地。根据陈沧来先生《中国盐业》的记载，民国时期山东有八处盐场：沾化县的永利场，利津县的永阜场，昌邑县的富国场，寿光县的官台场，乐安县（后来改称广饶县）的王家冈场，掖县的西县场，胶县的石河场，日照县的涛雒场。1914年，乐安县的王冈场和寿光县的官台场因为产盐量大，盐务繁忙，所以设立王官场务局，但随即撤销。1915年，官台场并入王冈场，称"王官场"（以上内容见《中国盐业》第11页《制造》章，商务印书馆1929年初版，1934年再版）。现在寿光北部有著名的莱秧子盐场、潍北盐场、大家洼盐场，就是民国时候设立台头盐场之后衍生的盐场，直到解放初期，此地的盐场还与天津的塘沽盐场齐名（据陈沧来《中国盐业》，民国时期天津盐业一度凋敝，后来只有丰财、芦台、石碑三场）。

从民国时期的山东盐场分布情况，可以看到博兴、利津、广饶、寿光、昌邑北部一带在历史上一直就是产盐胜地。所以凭着对《尚书·禹贡》篇的一眼认识，可知在齐太公未来营丘之前的殷商时期，青州地方"厥贡盐絺，海物惟错"的义务，一直是由这一带的莱夷人承担的。

2008 年，在山东潍坊市滨海地区（寿光北部双王城水库）发现了殷商时期全国最大的盐场遗存，可以想见当年气象之恢宏。此后，广饶、利津等地也发现商代以及西周的盐场遗存。这说明殷商时期盐业生产规模之巨大，也证明《尚书·禹贡》篇独以青州进贡海盐的记载是有事实根据的。同时还说明，这个殷商时期最大的盐场，以及向西、向东的大大小小的盐场都在莱夷人掌控之中。凡盐场遗存之地，都是当年莱夷人的生活区域。

五 徐广注的启发：阴雍长城之地

在本章、本节之前，我们的眼界还只是盯在这一条齐长城上，人们自然会认为，除了这条齐长城，肯定没有第二条齐长城。

我们在本书第一章（《有关齐长城的典籍记载》）的第一节（《齐长城的起点、终点及走向》），曾经从裴骃《史记集解》转引过徐广对"还盖长城以为防"的解释："盖，一作益。益县在乐安，盖县在泰山。济北卢县有长城，东至海也。"

据徐广说，"还盖长城以为防"的盖字，另见有作益字的，所以这句话有可能是"还益长城以为防"，"还益"二字为"长城"做了别样的定位：这道"长城"是环绕"益"地一圈然后入海的。徐广还说过"济北卢县有长城，东至海"，"益县在乐安"。《索隐》不同意徐广的说法，但是也解释"还"字为"绕"（"还音患，谓绕也"，已见前引）。所以，如果徐广的话可信，就应当有一道济水以北的长城，从卢县起步一路东行至益县，环绕益县后入海。

今按乐安，为西汉所置县，治所在今之山东博兴，先后或为郡，或为国，又有千乘、乐陵、博昌之名。所辖地先后包括现在的乐陵、博兴、广饶、利津。乐安作为县，就是现在的广饶，中间经过多次名目更改，头绪繁多，而顾祖禹《读史方舆纪要》梳理的头绪尚属清楚，可以帮助我们厘清青州府属县乐安、广饶、千乘等名目的复杂变化关系。

《读史方舆纪要》说乐安："乐安县，府（笔者按：是青州府）北九十里，西至博兴县三十里。汉置广饶县，属齐郡。后汉属齐国，晋、宋因之。后魏仍属齐郡。隋移千乘县治此，以广饶县省入，属青州。唐武德二年于县治置乘州，八年州废，县属青州。宋因之。金改为乐安县。今编户九十五里。"

说广饶："广饶城，县（笔者按：是乐安县）东北二十里。汉置县于此，武帝封中山靖王子国为侯邑。后汉至晋、宋，皆曰广饶县，《水经注》'淄水又东北经广饶古城南'是也。隋县废，改置千乘县。金人又改置乐安县于今治。初非汉时之千乘、乐安矣。"

乐安、广饶、千乘之名目虽然游走不定，却不出乎博兴、乐陵、广饶、利津范围。而博兴、乐陵、广饶、利津，以及寿光的北部一带都是滨海的盐碱地，都有海盐出产，这是可以肯定的。如果有一道长城从济北直通乐安的益县——就是现在的益都——东北入渤海，就正好把古代齐地的产盐滩涂地带护卫起来。所以尽管徐广的这个注解一直不被看好，徐广说过的这道"长城"也一直不为人所知，但是正因为这道"长城"贴近产盐的滩涂地带，而且与已知的齐长城有不易混淆的位置差距，反而令人不甘心轻易放弃这道圈地滨海滩涂的"长城"。

换句话说，正因为徐广说的这道长城出乎意料而合乎情理，所以令人不能轻易放弃。裴骃特意征引徐广的这一说法，虽然是"集解"的体例使然，却可能有其深意存焉，这至少说明裴骃不想轻易否认徐广的看法。

关于徐广，《宋书》卷五五有传，云："徐广，字野民，东莞姑幕人也。"据《宋书·州郡志》和《魏书·地形志》，刘宋、北魏时期的东莞郡所辖县相同，即莒、诸、东莞；关于徐广的故乡姑幕，可能就在今山东诸城、安丘、莒县交界处。①而在山东诸城（马耳山）、安丘以及莒县一带，皆有齐长城遗迹。徐广当时应当知道沿泰沂山脉一线的齐长城。而这条徐广注说的，恰恰是另外一道经由益县入海的齐长城，这是很值得我们注意的。

根据徐广注，这道长城的起点是济北的卢县，虽然未必准确，但是徐广说的这道长城至益县入海，却是完全可能的。以情理度之，譬如，当这一带海盐产地受到威胁，这里的土著就可能为他们的海盐修建一道防护墙。如果认同了徐广所说的这道经由益县入海的长城，那么这道长城就在沾化、利津、广饶、寿光、昌邑、益都（青州）一带，也是极有可能的。在这些县份距渤海岸几十里、甚至百余里的地方，徐广当年应当还能看到（至少是知道）这道长城遗迹。也就是说，除了沿泰沂山脉一线的齐长城，在现在的山东省境内，还有一道北线滨海长城。沿泰沂山脉一线的齐长城为诸家所知晓，这道进入过徐广的眼界的北线滨海长城却为其他各家所不知，而徐广可能认为，这道北线滨海长城的年代较之沿泰沂山脉一线的长城更为古老，是真正的古代齐长城，所以才为"齐长城"写了这条注。

徐广注令人想到《管子》说过的"阴雍长城"，而且是"阴雍长城之地"。"阴雍长城之地"的说法渗透出很多古代信息。

《说文》释城字："以盛民也。"释墉字："城垣也。""城垣"正好用以"盛民"，城字、墉字似乎是从体、用两个方面对城邑的描述。但是四围合拢的城邑固然是"以盛民也"，而"城垣也"一定是合拢的吗——许慎可没说。如果用以解释墉字本义的"城垣"不是合拢的呢？如果是长条形的呢？这"城垣"还能"盛民"吗？长条状的"城垣"可就不是城邑的城墙，而是长城了。

①笔者咨询过安丘学者方零，方零认为：徐广故乡姑幕就在诸城、安丘、莒县交界处，因为区划屡变，故说法不一。而安丘人一直认徐广为安丘先贤，见《安丘县志》。

　　所以，放弃对"墉"字本义的想当然理解，"墉"字的本义就可能是长条状、不围拢的长墙，这样的"墉"以不能"盛民"区别于城邑的城墙——毕竟《说文》说"城"的功能作用是"以盛民也"，却并没有说墉也是"以盛民也"的"城"。把墉字本义混同于"以盛民也"的"城"，是人们惯性思维的产物。其实"墉"的本义很可能与"以盛民也"的"城"有区别："墉"原来并不是"以盛民也"的"城"，"城垣也"的"墉"原来就是长条状的长城——"墉"曾经就是长城的专名、专字。

　　以上是说城、墉二字的本义原本不同，后世这两个字义各有引申而致混同，所以"以盛民也"（城邑）的城字也用来表示长城，"城垣也"（长城）的墉字也用来表示"以盛民也"的城墙。但是论其本义，城、墉二字原本是不相同的。

　　《广韵》上平卷三钟韵有墉字，余封切，援引《说文》释义为"城垣也"；还有堵塞意义的壅字，与雍字同小韵，於容切。墉、壅、雍三字古音相近（墉字喻纽，壅、雍字影纽，同属上古东部韵），从而可以因为音近而互相假借。所以，雍可以读为壅，壅土也，堵塞也；也可以读为墉，城垣也。将雍、壅、墉三字纳入"阴雍长城"的话题，"阴雍"的雍，无论读为墉还是壅，或者说，无论理解为"城垣"，还是理解为"壅土"，其意义是统一的：因为城墙本来就是壅土而成。

　　《尚书·禹贡》篇以"海岱"概括青州方位坐标，曰："海、岱惟青州。"青州地处渤海之南。海之北为阳，海之南为阴，所以青州北部滨海地区（渤海之南）可以名之曰"阴"。所以我们设想，"阴雍"就是齐地原来就有的一道长城："雍"就是城墙（墉），就是堆土（壅）而成的长城；"阴雍"的"阴"，则是标明这道堆土（壅）长城（墉）的地域方位——这道长城地处渤海之南，圈定了渤海南岸的海盐产地。

　　渤海以南斥卤产盐之地曰"阴"，堆土曰"壅"，城垣曰"墉"，所以"阴雍长城"无异乎是以"长城"注解"阴雍"：渤海之南（阴）、堆土（壅）而成的一道长城（墉）。

　　"阴雍长城"应当就是徐广注坚持的"还益长城（以为防）"——环绕益县的那道长城。

地处青州北部、环绕益县（今益都左近）的这道"阴雍"，或者说这道堆土围墙，对渤海滨海一带的盐场取拱卫之势。管子执掌齐国国政的时候，在临淄北部一线，就有这样一道拱卫滨海盐场的围墙。

回想《管子·轻重丁》的那番话："阴雍长城之地，其于齐国三分之一，非谷之所生也。"（已见前引）这个不生谷物的"阴雍长城之地"不像是寻常理解的、沿泰沂山脉一线的齐长城，而是另有所指，因为我们见到的骑泰沂山脉一线的齐长城占地远远不到齐国幅员的三分之一，而且齐长城南北一线也并非不生谷物的荒凉之地。地处齐国、占地三分之一且不生五谷的地带，令人立马想到的就是渤海滩涂盐碱之地：这里的地面确实占到齐国土地的三分之一，而且确实不生五谷。

那么，这道与泰沂山脉一线齐长城并行的滨海长城是什么人、在什么时候建造的呢？我们自然会想到莱夷人。这一带滨海滩涂之地盛产海盐，海盐是土著莱夷人的主要生活来源，因此这里的土著居民会自觉保护这一带滨海滩涂。所以，是莱夷人为了保护他们的海盐利益修建了这道"阴雍长城"，时间应当更早于沿泰沂山脉一线的"齐长城"。

我们只能想到莱夷人，因为太公望就国伊始，与之"争国"的就是莱夷人首领"莱侯"。换句话说，"莱侯"是当年唯一闯进历史镜头的齐地土著，以他为代表的莱夷人是早于齐太公的"齐国"土著。所以，缘此以往的必然结论就是：以某代或者某几代莱侯为代表的莱夷人修建了这道滨海长城，时间可能在太公望就国于营丘之后。

徐广注是真实的。如果有幸，徐广注的真实性——那道对沿渤海一线滩涂地带呈拱卫之势的"阴雍长城"——或许有被实物证实的时候。①

①在益都（今青州市）以北，距渤海百里有以"古城"命名的村镇。人们在这里发现了古代夯土修建的城墙，城墙一角成直角向南，证明这是四方的古城。地方上在此地恢复了姜太公庙。这个古城遗址很有可能就是古代的"益"，东西走向的古城墙就是"环益"一周，然后入海的"阴雍长城"的遗迹。

第六章

齐国何以得名『齐』

一　齐国之得名，无关乎肚脐眼

关于齐国得名之原因，《史记·封禅书》是这样说的："齐所以为齐，以天齐也。"又说："天齐，渊水居临淄南郊山下者。"《索隐》转引顾氏案解道彪《齐记》，云："临淄城南有天齐泉，五泉并出，有异于常。言如天之腹齐也。""腹齐"就是现在说的"肚脐眼"，"天齐"——"天之腹齐"，表面看就是上天的肚脐眼。

《说文》释脐字："肶脐也。"① 《说文》释膍字："牛百叶也……一曰鸟膍胵。"下出膍字异体作肶。所以《说文》释脐字的"肶脐"就是"膍脐"，"膍脐""肶脐"的膍、肶，就是"牛百叶"，或者"鸟膍胵"，也就是牛胃、鸟胃（今分别俗称草包、食包）。可见《说文》以"肶脐"释脐字，是以腹中的"肶"（胃）为外边肚皮上的肚脐眼定位。

东汉刘熙作《释名》，于《释州国》篇解释齐地之所以为"齐"，云："齐，齐也。地在渤海之南，勃齐之中也。""齐，齐也"，是以肚脐眼解释齐国之齐，所以"齐也"的"齐"读为"脐"；"勃齐"就是"勃脐"，就是"肶脐"，也就是肚脐。刘熙以"勃脐"解释齐国得名之由，这大概就是《齐记》"肚脐眼"说的根源。为了迁就"肚脐眼"，《释名》将渤海之"勃"与齐地之"齐"，连缀为"勃齐"，用心良苦，却又陷入生硬，不免令人

① 《说文》释脐字："肶脐也。"《中华书局》1963年版大徐本《说文》肶字错写为从肉月、此声的字。

生疑。

王先谦《释名书证补》于此条引吴氏刻顾千里校本，认同"勃齐"之"勃"字系"如"字之误。但是"地在勃海之南，如齐之中"，如字、勃字何由致误不说，即使致误有途，无奈"如齐"不辞，仍然令人不解。

今按：刘熙，北海人，旧时北海人（渤海滩涂一带）多有把肚脐眼叫作"勃齐"（勃脐、肶脐）者。王先谦等前贤不知北海有此方言，所以不敢接受这个土气眼生的"勃齐"，其实"勃齐"的说法是对的——现在"北海"一带方言仍然把"肚脐"叫作"勃齐"。

问题在于，就只为临淄南郊一隅之地有这么几个藐诸小样的"肚脐眼"，遂使周边偌大的一方诸侯方国之地沾益，而以肚脐眼——"齐"——名之，这因果大小比例也太过失调了，令人感觉很不般配。而且，上天有几张肚皮非得有五个肚脐眼？这五个肚脐眼怎么就一不小心掉到地下来了？再者，天齐泉"五泉并出"，左觑右瞅别的什么东西也不像，单单就像肚脐眼吗？——这"肚脐眼"的思路岂不是太过于执拗了！

所以，我们应当换一个角度思考：如果齐地之名早于"天齐渊水"，而另有所因，后世忘其初义（或者其初义被有意掩盖），就会因果倒置，而将因齐地而命名的"天齐渊水"，误认为是齐地得名之本源。这是完全可能的，文化话题常见这种因果错置现象，不足为奇。换句话说，应当是先有的"天齐"（至于"天齐"是什么，姑且不论），遂因"天齐"而命名此地曰"齐"（"齐所以为齐，以天齐也。"）。后来人们不明"天齐"之意，于是"天齐"就被附会想象成五个肚脐眼的"天齐渊水"或者"天齐泉"了。

关于齐地的许多特殊风俗，到司马迁时代，多数皆属传闻，并无足够的古代典籍佐证其来源根底。所以，司马迁对《封禅书》涉及齐地的古风颇不敢确凿言之。如云："于是始皇遂东游海上，行礼祠名山大川及八神。……八神，将自古而有之，或曰太公以来作之。齐所以为齐，以天齐也。其祀绝，莫知起时。"这段文字就留下了很多疑问。譬如"八神"的来源，司马迁就只能模棱其辞，说：可能是"自古而有"的，也可能是齐太公始作的。这句话以"将"（平声）与"或曰"照应，"将"就是两者选择的可能之义。有的注释家于"八神"后忽略了点断，就可能诱导专业下的说者想象出"八神将"（去声）来。就连晚于"齐所以为齐"的"八神"都已经"其祀绝，莫知起时"了，怎么单单对于"天齐"知道得如此细致，竟然连"肚脐眼"的事都知道？

所以，"天齐"究竟是什么，必须重新探讨，另行考论。

《封禅书》对齐地风土的叙述本来就模棱两可，尤其是关于齐地之所以得名。所以我们不能将思路锁定在《史记·封禅书》上。

二 齐国之得名，缘于"天齐"海盐

1. "水火之齐"

《说文》有剂字，释云："齐也。从刀、从齐，齐亦声。"以齐字释剂字，属于声训，而声训往往具有词汇探源的意义；就是说，齐字与剂字有相同的意义来源，它们是同源字。所以从来源上讲，"齐"与"剂"的意义应当有非常密切的联系。但是典籍在使用这两个字的时候，多数情况是把剂字视为齐字的后起分化字：齐字有平、去两读，剂字只分领了齐字的去声一读。所以典籍中的"齐"往往可以读为"剂"（jì），但是"剂"一般并不读为"齐"（qí）。

《周礼·天官·亨人》："掌供鼎镬，以给水火之齐。"郑玄注："镬，所以煮肉及鱼、腊之器。既孰乃脀于鼎。齐，多少之量。"这里的"齐"字读jì。根据郑玄注：亨人——读为烹人——就是掌管烹煮的人，先在不同的镬（古人用镬烹煮，就好比现在的大锅）里分别将肉、鱼、腊（音xī，即干肉）等煮熟，然后将煮熟的肉、鱼、腊等放到鼎上——脀字假借烝字，烝，进也："脀于鼎"者，置于鼎上进献之也。

郑玄以"多少之量"解释"齐"，是读"齐"为"剂"，就是现在说的名词意义上的"剂量"。但是仔细看亨人所进献（"给水火之齐"的"给"，读为 ji，供给之意）的"水火之齐"，却并非现在成分比例意义上的剂量，而更近乎滋味配比意义上的烹制品。确切说，是亨人负责供给的熟食，就是置于鼎上的肉、鱼、腊等——这些煮熟了的肉、鱼、腊，才是"水火之齐"。亨人在对不同的肉、鱼、腊等进行蒸煮的时候，当然需要把握所加水的分量，也需要掌握火势的大小和蒸煮的时间，但是这些只是技术操作上的剂量意义，而亨人要向君王进献的可不是这等"剂量"说明书，君王要的是实际可食可饮的"水火之齐"，是经过蒸煮而成的熟食物品。所以郑玄以"齐，多少之量"注解此处的"掌供鼎镬，以给水火之齐"，是有失偏颇的。

　　除了煮熟的肉、鱼、腊等，"齐"（剂）也指经过蒸煮的液体食品，譬如酒。《周礼·天官·酒正》："辨五齐之名：一曰泛齐，二曰醴齐，三曰盎齐，四曰缇齐，五曰沈齐。""酒正"所辨的"五齐之名"，就是由于蒸煮、酝酿的时间，以及过滤网眼的粗细而造成的浓淡以及色泽明暗不同的五等浊酒，相当于现在的醪糟。譬如"五齐"中的"醴齐"就是一宿酿成的醪糟，所以《说文》解释说："醴，酒一宿孰也。"《天官·酒正》还有"掌其厚薄之齐，以共王之四饮、三酒之馔，及后、世子之饮与其酒"的责任，酒正掌管提供的"厚薄之齐"就是"五齐"，就是五等醪糟（浊酒），用"五齐"进而酿造，就是酒了——就是天子食用的"四饮、三酒之馔"等等了。《周礼·天官》另有《酒人》一职，就"掌为五齐、三酒"的事。

　　总之，"五齐"就是五种浓淡不等的醪糟（浊酒），"三酒"就是长时间酝酿、沉淀，而经过精细过滤的不同度数的酒。"五齐""三酒"，其乙醇所占比例固然不同，但"五齐"的概念意义就是浊酒、醪糟，既不是单指其酿制时间，也不是专注其成分比例度数。

　　醋，也是经过蒸煮的液体食品，所以也以"齐"称。现在的醋先秦叫"醯"，所以《周礼·天官》专设《醯人》一职，"掌共五齐、七菹，凡醯物。以共祭祀之齐菹，凡醯酱之物。宾客亦如之。王举，则共齐菹醯物六十甕。共后及世子之酱齐

菹。宾客之礼，共醢五十甕。凡事，共醢"。"五齐"之外，这里又有"齐菹"。郑玄注："齐菹，酱属。醢人者皆须醢成味。""凡醢物"就是醋制的食品，"凡醢酱之物"就是调和醋和酱的食品。可见醋以"齐"称。

《醢人》掌管"凡醢酱之物"，而且专门供给祭祀用的"齐菹"，这"齐菹"就是酱（郑玄注"酱属"）。这种酱不是现在说的甜酱、面酱、豆酱，而是切碎的植物调料，包括葱、姜、蒜、韭、薰（芫荽之类）等，皆由"醢人"经手以醋腌制，盛在不同的器皿里，作为调料分别与既定的肉食相配。孔子说的"不得其酱不食"的"酱"，就是指与不同熟肉分别相配食用的调料。"酱属"的"齐菹"以"齐"称，可见酱也可以称"齐"。

生活食品而外，中草药也需要水火煎煮，所以煎煮过的中草药（包括汤药、药膏），也属于"水火之齐"的范围，《周礼·天官·疡医》："掌肿疡、溃疡、金疡、折疡之祝药、劀杀之齐。"可见"疡医"负责的清洗、涂抹创伤溃疡以及手术创口①的药液、药膏，皆以"齐"名。药液、药膏以"齐"称，所以中药有"汤剂""膏剂"之分，总称"方剂"，所以医家、病家常说"一剂药""两剂药"。

炖肉、蒸鱼、煮酒、酿醋、腌制酱、煎药（包括熬膏药），都需要水、火蒸煮、煎烹。可见，凡是通过时间或长或短的蒸煮、煎烹、熬炼等加工方法而获得的食品、饮品、中草药药品，都属于"水火之齐"。

2. 火剂

与"水火之齐"相对的有"火齐"。笔者介绍有关"火齐"的知识，是为了使读者对"水火之齐"的本质有更加深入的理解。

---

① 《说文》释"劀"字："刮去恶创肉也。"所引书证就是这句"劀杀之齐"。

《说文》释玫瑰的玫字:"火齐玫瑰也。"段注本作"玫瑰,火齐珠"。"火齐玫瑰""火齐珠"措辞不同,说的却是同一种东西,就是用火烧炼的琉璃制品。因为烧炼不必用水,所以不叫"水火之齐",而只叫"火齐"。段玉裁引《吴都赋》注,云:"火齐如云母,重沓而可开,色黄赤似金。出日南。"《吴都赋》注说的这种"如云母"的"火齐",是自然生成的矿物,与烧炼制造的"火齐玫瑰"形色类似,却并非真正的"火齐"。段玉裁引证《吴都赋》注,只是因为"日南"出产的这种矿物貌似"火齐玫瑰"而已,而真正的"火齐"必须是熬炼而成的。

称熬炼之物的玫瑰为"火齐",可知举凡熬炼、熔炼之物皆是"火齐",皆可以称"齐"。《考工记·辀人为辀》云:"攻金之工:筑氏执下齐,冶氏执上齐。"郑玄注:"多锡为下齐,大刃、削杀矢、鉴燧也。少锡为上齐,钟鼎、斧斤、戈戟也。"郑玄注所谓"多锡""少锡"者,是说金属制品(现在说的"五金",古人谓之"金";但古人所谓"金"者,多数场合是指铜而言)的成分比例大小:与铜相比较,锡占比例大,谓之"下齐";锡占比例小,谓之"上齐"。所以《考工记》又说:"金有六齐:六分其金而锡居一,谓之钟鼎之齐。五分其金而锡居一,谓之斧斤之齐。四分其金而锡居一,谓之戈戟之齐。三分其金而锡居一,谓之大刃之齐。五分其金而锡居二,谓之削杀矢之齐。金锡半谓之鉴燧之齐。"

郑玄对《考工记》"上齐""下齐"的解释是正确的,由此可知:所谓"上齐""下齐",其实就是一定铜、锡比例的合金锭。这种称为"火齐"的合金锭,是铸造青铜器皿的半成品预制件,可以直接用这样的"火齐"分别熔铸钟鼎、斧斤、戈戟、鉴燧等器物。"金有六齐"云云,就像真正的"火齐"琉璃制品——《说文》所说的"火齐玫瑰"——一样(并不是段注引证《吴都赋》注的天然"火齐如云母"),是因为其制作过程中只用火而不用水,以区别于"水火之齐"的,所以只能称"火齐"。至于"火齐"而简称"齐",这正如"水火之齐"也可以简称"齐",是一样的道理。

3. 盐，更早于"水火之齐"的"天齐"

综上所述，凡是用水、火蒸煮而成的食品、饮品、药品，古人都谓之"水火之齐"，简称"齐"（剂）。凡是无须浸泡于水，而只用火烧炼矿物以获得的金属物品，以及玻璃（琉璃）制品，就叫"火齐"。"水火之齐""火齐"皆可简而称之，曰"齐"。

那么，盐呢？据《说文》释盐字："古者宿沙始作煮海盐。"最初的海盐正好就是用火煎煮海水而成的，盐是不是也可以以"齐"称之呢？

《广韵》去声十二霁有从卤，从齐，齐亦声的齌字，与"水火之齐""火齐""分剂""剂量"的剂字、齐字同小韵（就是用同一个反切注音的同音字），而释其义云"咸也"。这与《说文》解释盐字、齌字的措辞凑巧一样：《说文》释盐字、齌字，也皆曰"咸也"。纯然"巧合"的概率极小，"巧合"的背后往往有潜在的规律起作用。训诂学（语言解释学）有其固有的自身规律，盐字、齌字，以及齌字，三个字皆以"咸也"释义，也应当是规律使然。

这个与盐字、齌字同以"咸也"释之的齌，肯定就是盐——因为盐没有替代品，咸味只能来源于盐。或者说，既然以"咸也"释之，那么"齌"一定非盐莫属：齌应当就是盐的古名，或者是盐的地域别名。所以《广韵》去声十二霁保存的这个"齌，咸也"的训释十分珍贵，这说明盐曾经以"齌"称，也就是以"剂"、以"齐"称，这是古人视海盐为"水火之齐"的最好证明。

海盐就是正宗的"水火之齐"，这是通常想不到的，其实却是古人的常识。而齐地、齐国盛产海盐，而且古老的齐地曾经一度独领海盐风采。那么，欲寻找齐地之所以为"齐"的原因，要确认齐地得名之由，《史记·封禅书》所谓"天齐，渊水，居临淄南郊山下者"，以及《释名·释州国》的"地在勃海之南，勃齐之中也"，还有解道彪《齐记》说的"临淄城南有天齐泉，五泉并出，有异于常。言如天之腹齐也"，这一切就一揽子令人生疑了。不是这么回事，齐地、齐国的名字不可能是这么起的。

　　所以，我们倾向认为，齐地之所以得名"齐"，是因为海盐：齐地是因为盛产海盐这种最古老的"水火之齐"——这种"齐"而得名的。

　　海盐"齐"是最古老的"水火之齐"，人们认识海盐，更早于其他"水火之齐"，诸如酒、醋、酱、中药等。

　　进而还应当想到：先民最早认识的海盐是自然生成的海盐结晶，是盐碱滩涂积水之洼地经过烈日暴晒自然生成的颗粒状海盐结晶，最初先民采食的海盐就是这种自然生成的海盐颗粒。这样的海盐颗粒并没有经过火的洗礼，所以从"正名"的角度看，还不能算是"水火之齐"。当先民采食完天然海盐后，到必须用火煎熬斥卤之水才能获得海盐的时候，海盐就成了最早的"水火之齐"。

　　先民最早采食的、没有经过火的洗礼的天然海盐结晶，就是"天齐"。这种"天齐"海盐，就是"水火之齐"海盐的前身。

　　海盐的采食、创制年代更早于酒、醋、酱，在还没有酒、醋、酱之前，海盐曾经独占"齐"——"齐"——之名。也就是说，在只有海盐这一种"水火之齐"的时候，在只有海盐这一种"天齐"——故而独称"齐"（齐）的时候，此地就被命名为"齐"（齐）了。

　　因本地物产而命名其地的例子并不少见。广西合浦东南海域，以盛产珠母贝而得名"珠母海"，又名"珠海"。"珠母贝"的珠海是古代采珍珠之地，因此而有"合浦还珠"的历史故事（语出《后汉书·孟尝传》）。铜陵出产铜，遂以"铜"命名其陵，后兼以命名其地。无锡之所以得名，是因为此地曾经出产锡，而后锡矿采尽而改称"无锡"。山东旧地有"无盐"其名者，其得名之原因盖因为本地缺盐。刚刚说到的海盐县，是因为出产海盐而得名。等等不乏其例。

　　以上是因物产而命名产地的例子，也有相反的，因产地而命名物产。如，古代冀州产良马，所谓"冀之北土，马之所生"（《左传·昭公四年》），后来遂以冀州之"冀"移以称良马，而造从马、从冀，冀亦声的"骥"字。蔡国出产大龟，遂以蔡国的"蔡"移以称大龟。《左传·襄公二十三年》说"臧武仲自邾使告臧贾,且致大蔡焉",臧武仲送给臧贾的"大蔡"就是大个的乌龟。另如卫国盛产毛驴,遂以卫国之"卫"移以称毛驴,旧时小说多见,不烦举例。

齐地之得名,是珠海、铜陵、海盐县之比:是因其本地最具特色的"天齐"海盐而得名的。这很正常,合于古代以地方特色物产命名地域的规律。所以,《史记·封禅书》根据世代口耳相传说的那句"齐所以为齐,以天齐也"是完全正确的:"天齐"就是海盐,海盐就是醝,齐地是因为盛产海盐醝而得名的。

三 甲骨文、金文"齐"字像"水火之齐"

有些基于目验的感觉似乎于冥冥中提醒我们向更为久远的历史追溯。我们想到了太公望尚未赴齐就国之前——那时候的齐地,是不是就以"齐"称之呢?这是需要论证的。《史记·齐太公世家》叙述武王封太公于"齐营丘","营丘"之前既然冠以"齐"字,这说明此地原来就是以"齐"称之的。但是也不排除这种可能:当时"营丘"周边的一大片土地并不以"齐"为名,"齐营丘"的说法可能只是撰写历史者的一种方便说法,是后来史家追加的称呼。正如现在说"三皇五帝是中国人",当然也是对的,但是当三皇五帝在位的时候,他们君临的这片土地并不以"中国"命名——即使有"中国"这个名词,也并非就是国家意义。譬如《诗经·大雅·民劳》篇有以"中国"与"四方"对比的"惠此中国,以绥四方",《左传·庄公三十一年》有与"四夷"对比的"中国则否",《左传·昭公九年》云"戎有中国,谁之咎也",以"中国"与"戎"对比。这几处"中国"就只是地域方位意义(中原),或者人口种族意义,并非"国家"意义。先秦典籍多见"中国",皆非现在的国家意义,不烦俱引。

所以地名"齐"究竟起于哪年哪代,是需要考证的。

《说文》释齐字:"禾麦吐穗上平也。"小篆齐字作齊,甲骨文、金文齐字作

（《殷虚书契前编》2.15.3）、🝁（《齐卣》）。①研究甲骨文、金文的学者们根据《说文》的解释，一直以"禾麦吐穗上平"视之，其实无当。因为甲骨文、金文齐字皆不作"上平"形，也不像"禾麦吐穗"，即使勉强想象成"禾麦吐穗"，也是似是而非。可见《说文》释齐字之形意未必允当。不过，"天齐"之所以得名，不一定非得是源于齐字的本义，如果"天齐"不是从齐字本义而得名，那么《说文》释齐字本义之正确与否，对于我们的考证关系就不大了。行文至此，我们并不曾料想"齐之所以为齐"还真与齐字的本义相关。姑且看接下来的考论。

只要将目光从"禾麦吐穗"移开，在烈日下对着晒盐的盐畦观察一番，有时甚至只需一两个小时，就能看到盐畦中盐粒凝结的样子：宛然就是甲骨文、金文的齐字形。这是阳光与斥卤之水的作品，并没有经过火的洗礼，所以并不是经典的"水火之齐"；因为是天然生成，所以它是先于"水火之齐"的"天齐"。

再设想先民最早在斥卤积水之地采集天然海盐结晶颗粒，他们认为这些海盐结晶颗粒就是从地下生出来的，就不难理解甲骨文、金文齐字为什么在三颗海盐结晶颗粒下面各画一条竖线了：这肯定是示意海盐颗粒从地下生出来的样子。

用煎盐法得到的海盐结晶颗粒，也与甲骨文、金文齐字十分相似，只是看不到示意海盐颗粒从地下生出来的那三条竖线。

齐字之释义指向"水火之齐"，甲骨文齐字字形再指向早于"水火之齐"的"天齐"，指向海盐结晶，这说明甲骨文齐字的本义，与其字形之意相同，就是"水火之齐"，就是"水火之齐"前身的"天齐"。换言之，殷商人就是描画海盐结晶、并想象海盐颗粒从地下生出来的样子以创制甲骨文"齐"字的。

①甲骨文、金文字形分别取自：孙海波《甲骨文编》，中华书局，1965年；容庚《金文编》，中华书局，1985年。

甲骨文、金文齐字作"天齐"海盐结晶之形，这说明至晚在殷商时期此地已经以"齐"名之了。

可见《史记·封禅书》云"齐所以为齐，以天齐也"，以及《齐太公世家》以"齐"冠名"营丘"，是世代流传的旧说，也是探源之说，并不是司马迁只顾一时方便的说法。

我们似乎在无意中发现了甲骨文、金文齐字像海盐结晶之形，这说明，甲骨文、金文的字形研究，需要与地域文化、民俗文化进一步结合。当然，从另一个角度看问题，也可以说，有些历史文化现象的真相，更迫切需要古文字——包括古文字形、以及其字形之意——的证明。

四　中草药是如何由"水火之齐"变为"火剂汤"的

关于中药是"水火之齐"，可能有不同的认识。中草药多用烘焙的方法定其药性，譬如炙贝母、炙甘草之类，这样烘焙的中草药很像是"火齐"。《韩非子·喻老》篇记载扁鹊见蔡桓公，云："疾在腠理，汤熨之所及也；在肌肤，针石之所及也；在肠胃，火齐之所及也。"见诸《韩非子》的这番话，很自然会被视为中草药称"火齐"的证明。

王先慎《韩非子集解》引卢文弨云："火齐，《新序》作'大剂'。"据此我们知道，《新序》引《韩非子》原文是"在肠胃，大齐之所及也"——是"大剂"，不是"火齐"。卢文弨引《新序》，是为了证明《韩非子》的"火齐"为"大剂"之误。但是王先慎并不以《新序》"大剂"为然，所以又引《史记·仓公列传》的"火齐汤"，以证明《韩非子》原文就是"火齐"。

其实汉代的"火齐汤"并不足以证明先秦之"大剂"就是"火齐"。《韩非子》所谓"大剂"者（"疾……在肠胃，大剂之所及"），很有可能是特指"中国"草药的配伍方剂，以区别于蛮夷单味草药。兴于中原通邑大都的事物往往以"大"为名,《庄子·秋水》篇令河伯自愧"见笑"的"大方之家",就是指的中原通邑大都人物;旧时佛教、伊斯兰教人士称儒学为"大教",现在许多乡间地方仍然称京剧为"大戏"(称地方戏剧为"小戏"),等等,也都可以证明中原事物多以"大"称。所以中药汤剂另有"大剂"之名。

而且"水火之齐",往往以"大"称,如鱼肉以"大"称,曰"大鱼大肉";醋称"大醋"(《三国志·魏志·华佗传》写作"大酢"),酱称"大酱",甚至也有方言称盐为"大盐"者。沾益于"水火之齐",辛辣浓烈之物也往往以"大"称,如"大葱""大蒜""大姜""大料"(八角)等。所以作为"水火之齐",作为气味浓烈的中药汤剂特称"大剂",不足为奇。

《史记·扁鹊仓公列传》记载:齐郎中令循"不得前后溲三日",饮以火齐汤而疾愈。齐王太后病,"难于大小溲",饮火齐汤而病已。这只是说明汉代将"水火之齐"改称"火齐汤"而已,并不能说明中草药原本就是"火齐汤"。汉代将"水火之齐"的中药汤剂改称"火齐汤",可能反映当时"五行"家的影响。汉初,有的"五行"家认为汉代以火王,故有意于行文回避"水"字(如将洛阳之洛改写为雒字)。所以医家遂改"水火之齐"为"火齐汤"。

而且即使有将中草药称为"火齐汤"者,也有冒领"火齐"之名的意思:"火剂"而"汤",说明需要经过水火煎煮才能服用,而经过水火煎煮,就是"水火之齐"了。可见,"火齐汤"只不过是"水火之齐"的另名别号而已。

五 从"水火之齐"的"天齐"向"肚脐眼"的蜕变

综上所述,《史记·封禅书》说"齐所以为齐,以天齐也",这个因果关系没有问题,问题的症结是:"天齐"的真谛失传了。

"天齐"真谛失传,人们又需要用"天齐"解释齐地得名之原因,于是就为"齐所以为齐",找到了"天齐,渊水,居临淄南郊山下者"的原因,就成了《释名·释州国》的"地在勃海之南，勃齐之中也"，以及《齐记》所说的"五泉并出，有异于常，言如天之腹齐也。"

所以说，问题出在人们将一念萌生、任意一指的肚脐眼以当"天齐"，于是以"天齐"称的海盐"醝"就逐渐与"天齐"脱节了，"齐所以为齐"的真实原因就被掩盖了。

真实原因被掩盖，"肚脐眼"之类人为名堂得以冒充齐地得名之因由——整个过程看似很简单。但是，海盐是齐地经济之命脉，是齐国之国脉所系，事关国脉，事关管子，情况就可能更复杂一些，譬如有意混淆是非、掩盖真相的可能性也就不能事先排除。

齐地得名之原因是"天齐"海盐，是醝，这个"醝"随时都在提醒：原来以海盐为业的土著莱夷人才是齐地名正言顺的主人。曾几何时，齐地的海盐产地转入齐国之手，齐国继承了土著人的海盐产地，欢欣之余，却也不无愧疚。天长日久的愧怍之心让齐国人不安，齐国人不得不承受"必也，正名乎"的煎熬。但是，如果齐地得名于临淄南门外的天齐渊，掠夺者的心理障碍就会随着岁月的流逝而逐渐消泯，于是就有了齐地得名于"肚脐眼"的说法。从某种意义上说，这是新主人对旧名物行施的"正名"手术。

古人认为，针对一个部落或家族施加毁灭性的打击，会给既已胜利的施加者带来不幸，这种不幸往往从心理障碍开始。新王朝对既已灭亡的旧王朝留一线种子，就是这种心理的反映，"存灭国，继绝世"的惯例就是这样形成的。对"天齐"的"正名"手术消除了齐国当权人物的心理障碍，所以譬诸案件，通过对"天齐"的"正名"手术完成的"肚脐眼冒名案"有利于太公望以后的齐国。由此推论，作案者必是齐国的一位智者——此人舍管仲无人可以当之。

声明：本章内容原来独立成章，是为纪念徐中舒先生诞辰120周年古文字学术研讨会提交的论文，论文系本书作者与周丙华博士合作。今稍作改动，作为一章收入本书。

收
尾

一 "齐长城"修建年代推论

对齐长城修建年代的考证，就是寻找它的历史背景，将齐长城置于一个恰当的历史环境之中，并且使两者吻合协调的思考过程。换句话说，就是将这道"齐长城"与某些历史事件或者历史人物互相联系，看齐长城为什么要将这些历史事件和人物推向前台，同时看这些历史事件和人物为什么要将齐长城倚为背景。所以，专家们首先想到的是战国时期的战争，想到的是齐宣王。他们面对齐长城闻风而动的反应，说明他们有些思维意识，但是些许思维意识并不是条理的思路，更谈不上成熟的思想。专家们的反应和思维意识违背当时齐国面临的战争形势：他们总是执拗地认为，一道东西走向的齐长城可以用来防御来自西边的进攻，先是晋国，后来是秦始皇——且慢，我们可能忘记什么了，忘记战国时期乐毅率领燕国大军从西北方向进攻齐国的那场战争了。那场战争几乎使齐国灭亡，如果没有田单的离间计、火牛阵，田姓齐国可能等不到秦始皇就被划入燕国版图了。

本书开端《导言》篇的那份齐长城问卷，一直在人们苦苦思索之中，飞了一圈之后又跌落在齐长城脚下。在本书行将结束的时候，我们必须回答那份问卷最核心的问题了：谁人、何时修建了这条齐长城？

孤立的事物、事件难以证实。我们的幸运在于：我们还有《管子》，还有管子的一系列治国策略，而齐长城无疑就是防止海盐走私的产物（这有穆陵关下掩埋的私盐为证），所以也就必然是一件成熟的经济策略作品。

不妨尝试从头回想：我们是在《管子》书中见到的"长城"，"长城"一词初次现身的典籍就是《管子》，这应当引起我们的重视；从另一面看，《管子》之前的典籍中没有出现过"长城"这个词，这更应当引起我们的重视。这说明齐长城的修建年代可能是与《管子》同步的，或者步履稍有先后：《管子》中的"长城"措辞要么是踩着齐长城的脚步走来的，要么是早于齐长城而尚在管子的构思之中。

我们的幸运还在于，除了这道齐长城，徐广注还为我们提供了沿渤海一线长城的信息，而且徐广注与《管子·轻重丁》篇的"阴雍长城"配合默契，并不孤立，好在这道"阴雍长城"，其修建年代大致是可以确定的。

莱夷人早就占据渤海滨海一带斥卤蒿莱之地，世代以鱼盐、放牧为生计。太公望就国营丘之初，营丘以北滨海一线并不在"齐国"控制范围，这一带仍然是莱夷人的地盘。莱夷人原来没有必要在自己的领地内建立长城，但是太公望来了，而且带着军队，战争虽然没有打起来，但是双方都曾一度处于剑拔弩张的氛围之中。莱夷人最担心的就是外人染指他们的滨海栖息之地——我们只顾说盐了，其实这一带还是一片水草蒿莱茂密的天然牧场和围场，错落散布着隰地陂池，是放牧牛羊骡马、猎获狐兔豺狼、网罗天鹅大雁的好去处。

为了维护其网罟、狩猎、畜牧之利，尤其是维护其海盐利益，他们采用应急措施，修建了一道圈禁滨海斥卤之地的"阴雍长城"。太公望就国，莱夷人必须修建滨海的"阴雍长城"，这两者是因果关系，其时间可能在太公望就国营丘之后不久。这是可以通过《史记》，尤其是《管子》"轻重"诸篇的经济谋略，并通过这些经济谋略所反映的历史事实而推论确定的。

有了莱夷人的"阴雍长城"作为参照,人们似乎有理由将骑泰沂山脉一线齐长城的修建年代定于太公望时期,但是从"太公至国脩政,因其俗简其礼,通商工之业,便鱼盐之利,而人民多归齐"(《史记·齐太公世家》,已见前引)的记载来看,尤其是从"因其俗简其礼"来看,齐太公并没有对齐地的地貌采取过大动作——那就不是"因其俗简其礼"了。

初来乍到的齐太公,还不能仅仅将目光聚焦于海盐,他既要"通商工之业",还要"便鱼盐之利"。齐太公不会无视莱夷人的海盐,但是当时他对海盐所能作为的,可能只是由官方渠道从不善于营商的莱夷人手中收买部分海盐,然后转卖于南方的鲁国、莒国,西南方的卫国、宋国。莱夷人不用费心寻觅海盐销路,便可以随时出售给官家;官家也没有必要将海盐的收购价格压低,因为官方有能力以较高的价格卖给境外各诸侯国的客商。所以太公望治下的齐国经济蒸蒸日上,而且与莱夷人的关系相对于后世要融洽得多。太公的政策既利于官方,又利于庶民,包括占齐国半数以上人口的莱夷人的生计有增无减,实际上是拜太公望所赐,所以才形成"人民多归齐"的局面。可见,齐长城并不是齐太公所建。

当我们开始重视《管子》的政治经济谋略,聚焦于管子的海盐经济文章,而且发现了齐长城防止海盐走私的功能的时候——种种迹象已经将齐长城的建造时间圈定在齐桓公称霸中原、管仲执政齐国之时了;同时齐长城的策划者、建造者也就只能是执掌齐国国政三十多年的管仲了。

管仲做事有其独特之处,形成典型的个人风格,所以他的行迹是可考的。管子的经济阴谋往往将出人意表的智慧灌注于其中,从"百里之城",从"阴里之谋",以及"素赏"概念的萌生,我们已经见识过管子式的阴谋智慧了。所以,如果人们见到与之风格类似的阴谋智慧而事关齐国,自然就会往管子身上考虑。

面对徐广注以及《管子·轻重丁》的"阴雍长城",人们很自然地会转身回顾南边那道骑泰沂山脉一线的齐长城。而两相对照,就会发现泰沂山脉沿线的这道齐长城悄无声响地帮助齐国实现了两个战略目标：首先，它以明确针对性的走势阻挡了莱夷人向南方鲁国、莒国的海盐销售之路，莱夷人的海盐只能卖给齐国官方；其次，它切断了民间的海盐走私之路，销往鲁国、莒国，或者绕道销往卫国、宋国的海盐必须通过齐长城沿线的关口——必须向齐国纳税才能放行。

《中国盐业》说过山东盐场分布情况，有沾化、利津、昌邑、寿光、乐安、莱州、胶县、日照等处（参见《中国盐业》"制造"章）。但是有必要注意：陈沧来说的主要是民国盐业现状，可以由此逆推而想见明朝、清朝以来的情况，但是不能由此落实先秦时期的海盐产地。陈沧来开列的山东盐场所在地，沾化、利津、昌邑、寿光、乐安（今广饶）、莱州，属于渤海滩涂地范围，在先秦就是盐场；其余胶县、日照两地，尤其是日照，在先秦是不出产海盐的（汉代才在郯城设盐官）。也就是说，齐长城以南必须仰仗齐国海盐。

我们从齐长城看到了淋漓尽致的智慧和一套完整的阴谋——一个不动声色地使莱夷人辛苦经营的滨海"阴雍长城"骤然失效的阴谋。外圈的齐长城修起来了，包在里圈的滨海长城几乎立马失去了作用，于是处于长期废置状态的滨海长城遂逐渐泯没，几乎从历史的视野中完全消失。也就是说，齐长城的建造与莱夷人的滨海"阴雍长城"的废置有直接的因果关系。

肯定有人往这道修建于泰沂山脉一线的齐长城灌注了某种特殊的智慧与阴谋，使国家掌控海盐生产和销售的理想全部实现。从这层意义上说，这岂止是区区一道长城，这简直就是谋略之杰作，是当之不愧的"长城谋略"精品！"长城谋略"似曾相识，能设计出如此天衣无缝的精品杰作，其人若非管子，谁能当之？

《管子·海王》篇提出了"官山海""正盐策"的方略，桓公对管子的方略十分赞同，但是也有所不解。于是就有了君臣之间的一番疑问和答疑，从这番君臣问答可以看到管子的长城谋略——桓公曰："然则国无山海不王乎？"管子曰："因人之山海，假之名。有海之国雠盐于吾国，釜十五，吾受而官出之百。我未与其本事也，受人之事，以重相推，此人用之数也。"①

桓公"然则国无山海不王乎"的问话并非无的放矢，是针对当时齐国"无山海"尤其是"无海"的状况说的；管仲话里卖给"吾国"盐的"有海之国"，除了莱夷别无他家。这番问答说明即使到了管仲执掌齐国之政的初期，渤海之滨的滩涂盐场大部分还在莱夷人掌控之中。齐国以"釜十五"的价格买入，以每釜一百的官价卖出（"官出之百"），这等于齐国雇佣莱夷人干活，莱夷人为"未与其本事"的齐国打工。关键是莱夷人是否情愿为齐国人卖力——要是莱夷人不合作呢？

管仲答复桓公的这番话并非一相情愿，这番话小心翼翼地隐藏了"长城"字眼，而"长城谋略"却已经成竹在胸：设想中的齐长城会割断海盐南销之路，莱夷人渤海滩涂出产的海盐只能卖给齐国。如果管仲没有谋划中的齐长城筹码，他怎么能保证莱夷人会长期"雠盐于吾国釜十五"，齐国又怎能稳坐安享"吾受而官出之百"的利润呢？

我们从《海王》篇的最后这段话看到了正在构思中的齐长城蓝图，而齐长城图纸的落实肯定能够实现管仲此时向齐桓公展示的理想效果（"有海之国雠盐于吾国，釜十五，吾受而官出之百。"）。从另外一个角度看，这番君臣问答反映的仅仅是构思中的齐长城，现实中泰沂山脉一线的齐长城还没有出现，因为面对一道真实齐长城的齐桓公和管仲，肯定已经控制了渤海滩涂一带的盐场，也就不会有"有海之国雠盐于吾国釜十五"的话题了。所以我们说"长城谋略"一定出自管仲，而且一定构思于此时。

我们终于可以说了：齐长城既不早于管仲，也不晚于管仲，齐长城就是管仲在执掌齐国之政期间的一个恰当年载修建的。

①以上管仲的这番话，戴望《管子校正》点断为"釜十五吾受"，不辞，系智者千虑。笔者不得不重新点断，如上。又，"釜十五"是指管子从莱夷人收买海盐的价格，"官出之百"是指管仲卖给诸侯国每釜海盐的价格，与上文的"盐百升而釜，令盐之重升加分彊，釜五十也"无关。《校正》引王氏，以为"釜十五"当为"釜五十"之误，盖亦无当。

齐长城是管子经济思想、政治策略的必然产物，是管子实施其海盐经济战略的可靠保障。我们倾向将齐长城的修建时间推定在管仲执掌齐国国政的前期：执政三五年后的管仲，政治经验丰富，经济策略成熟，构思缜密，长城谋略之出台必在此时。

齐长城的修建使得莱夷人的海盐经济优势丧失殆尽，莱夷从此一蹶不振。黎民百姓本来就无所谓恒产，从而也就无所谓得失，因此对政治统治中心的转移是不会有所不安的——这就是后来《孟子》说的那句"因无恒产而无恒心"（《梁惠王上》）。而遭受摧毁性打击的莱侯却肯定不会甘心，注定破产的莱侯即使无望挽回败局，却难免有心图谋报复。因海盐经济导致的矛盾日渐激化，不可通融，意料之中却又不期然而发生的摩擦彼伏此起，最后只能诉诸战争。于是就有了管仲精心擘画，并以"素赏"教化动员的那场伐莱战争。

孔子曾经高度赞扬管仲，说："管仲相桓公，霸诸侯，一匡天下，民至于今受其赐。微管仲，吾其被发左衽矣。"（《论语·宪问》）"被发左衽"很明显是针对莱夷人说的，孔子极力盛赞管仲，认为齐鲁一带的华夏人没有被"被发左衽"，是管仲的功劳。从孔子的赞美声中，还能听出管仲对莱夷人的恩德，因为孔子说的"民至于今受其赐"的"民"也包括了莱夷人。所以从孔子对管仲的称赞之辞，能够听到的是那些不动声色的经济策略，而不是伐莱战争。在管子不动声色的经济策略中或许就有暗度陈仓营造齐长城的影子。总之，孔子对管仲的褒扬赞许，不是针对揎臂叫嚣的战争，而是默无声息的政治经济谋略。

管子一直坚持"守圉之国"的理念（见《管子·轻重甲》《地数》等篇），伐莱战争盖出于不得已而为之。孔子比现代人更理解管仲。

当我们证明了齐长城防止海盐走私的初衷，其实也就证实了管子修建齐长城的谋略。现在回顾一下，那些主张齐长城是战争防御产物的说法，那些齐长城南坡下麇集过攻城队伍，以及齐长城南面城墙蚁傅过鲁国、莒国兵卒的奇思妙想，那些相枕藉而客死于齐长城脚下的吴国、楚国将士尸体的恐怖镜头——这一切，岂不都是韩非子的那则"郢书燕说"寓言故事的翻版、扩版吗？

天壤之别的差距是当初的那一瞥之印象、一念之萌生造成的。不敢确定，由最初诸城马耳山上的那一瞥、一念酿成的这本书是否能够收到预期的效果。

而按照预先设计的内容，这本书从本节开始已经进入尾声。还有些话，我捡要紧的说。

二　史前"长城"

14 年前我们考察齐长城的时候，在齐长城西边端点的长清大峰山，看到山顶上壁立着一段石墙，当地认为这就是齐长城。这段"长城"不像是旧物，倒像是晚近应急添补的"古迹"。但是就在这段石墙下面，经游人指点，我们看到了湮没在草莽之中的一段低矮而断续的石头城墙残留。这段低矮的石头城墙处于山坳前怀，呈现草蛇灰线一脉不绝之势环绕山顶。我们还在这一线蜿蜒曲折的石墙脚下找到了泄水的通道，显然是为了宣泄山雨，给山上长墙圈内的临时居民保留一席雨后干爽之地。这线石墙松脆酥软，当我们搬动这里的石头，举至胸前任凭其自由落下撞在别的石头上，屡屡应声而开裂粉碎，说明这些石头裸露的时间极为长久，给人以史前的感觉。所以当听到专家说齐长城是战国时期的产物，是齐宣王或者齐湣王出于战争防御目的修建的，我们感觉这些石头跟齐宣王、齐湣王等人的脸色很不协调。

在后来的长途考察过程中，我们沿着山脊一路东行，踏勘千里一线的齐长城，看到各处或高或低、或长或短的长城残留，却很少有如此酥软的用于建筑长城的石头。大峰山腰（接近山顶）的这些酥软的石头长墙显然不是齐长城，也不像是长城复线，这是比齐长城更为久远的"长城"。

于是我们想到"当尧之时，鸿水滔天，浩浩怀山襄陵"的那场史前大水，又想到《吕氏春秋·君守篇》的"夏鲧作城"。可以肯定，这一线对山顶取围绕之势的石墙就是史前黎民百姓躲避洪水的"城"。史前洪水的记忆是世界性的，而话题各不相同，西方流传的是"诺亚方舟"，中国流传的是鲧、禹父子治水。《尚书·尧典》记载了那场东方史前大水，以及鲧、禹治水的史迹。但是关于那场史前洪灾，以及先民们如此这般地度过了那场灾难——这一切，并没有实物证明。笔者认为，我们在大峰山山腰发现的对山顶略呈围绕之势的"长城"，就是《尚书·尧典》记载的那场史前洪灾的实物证据。

这是很要紧的，其意义不亚于齐长城，甚至也并不亚于"诺亚方舟"。当战争防御论者将目光转向旅游开发，就有可能促使地方将齐长城施加改造。所以我们担心这段史前长城也会遭到"美容"的灾难。

在当地另外一处山崖上，插着很大一个铁环，当地人说，那是古代拴船用的，古代这里曾是一片泽国水乡。眼见为实的"铁环"当然不会更早于战国时期，但是关于"泽国"的深刻记忆却并非全然子虚乌有。

齐长城沿线历史痕迹叠压，内涵丰富，超乎人们的想象，有些历史文化内容尚待深入挖掘发现。

三　齐长城复线

齐长城复线，被长城专家解释为齐国疆域不断向南扩充的结果。专家们深度皱眉因缘推理的神态，煞有介事，幼稚可爱，令人忍俊不禁。他们把齐长城复线幻想成装满沙砾、可以运用自如地向前推移的麻袋掩体了——他们终于改变主意，要把他们理想中的这道（甚至这套）战争防御设施，改造成进攻、防御混合型的武器装备了。

前面说过，为了圈养从楚国买来的麋鹿，管子修建了"百里之城"。在管仲执掌齐国国政的第八个年头，鲁国的史官记载了"多麋"事件。齐国"百里之城"之内的麋鹿不会安分守己，《春秋》记载的"多麋"史实既不是无中生有，也不会突兀无由，所以这两者之间因果关系的建立是很自然的事。因此可以推断管仲修建

"百里之城"是在管仲执政齐国的前几年，时在鲁国史官记载发生"多麋"事件之前。

现在的齐长城，其起点是西端的广里，巨防遗址在其西而与之相接相邻。在广里的南面肥城境内，有与广里长城平行的另一段长城，被称为齐长城"复线"，这段长城"复线"的南面就是汶阳之田。两道长城在长清的西境会合后直走泰山。这两段平行的长城就是管仲当年修建的"百里之城"。放养其中的楚国麋鹿憧憬外面的世界，就会从南面的"复线"某处结队逸出，隐身于汶阳之田竹篁之中，而随时光顾鲁国的田亩。

可见所谓"百里之城"其实就是齐长城的一段，就是齐长城西段的"复线"形式，与齐国版图南扩毫无关系。

"百里之城"取复线形式，这启发我们：齐长城的所有复线形式大多都是为了放养麋鹿而设计的。当年从楚国"进口"的野鹿数量巨大，偌大的一单国家生意，仅靠一个广里以南的"百里之城"显然不够用。

除了长清广里，许多地方都发现过齐长城的复线。

2004 年夏天，笔者在考察齐长城途中，从地方报纸上看到消息，说临朐的学者发现了当地齐长城的四条复线，当时不清楚发现者的名字。最近见到 2015 年中国言实出版社出版的《穆陵关史话》，才知道发现多条齐长城复线的学者名字，他们是刘镇宗、王新生先生。穆陵关附近的长城，连主线带复线一共五条，移抄如下：

穆陵关长城主线，太平山复线，铜陵关复线，蒋峪复线，洪山复线。

在这些用长墙围拢的山谷里，先是被管子用以放养野鹿，后来人也可能用来放养山羊（像麋鹿一样，山羊也能腾跳），牛马就更不用说了。

管子的谋略大多看似是一次性地针对某国某事量体定制，一般不会重复雷同，但是有许多谋略是可以连环套用的。见诸《管子·轻重戊》的"百里之城"，是为了收容楚国的麋鹿而修建的，所以"百里之城"的谋略初看只是针对楚国；但是"百里之城"既然作为千里齐长城的一部分，问题比我们事先想到的就可能复杂得多。完全有可能的是，管子在以看似应急措施的"百里之城"掩盖齐长城，以放养楚国野鹿掩盖对莱夷人海盐滩涂行施封锁的长远战略目标。

这才是管子的行事风格。

而且，这也就可以解释，为什么齐长城没有记载于史书：在这些用复线长墙围拢的山谷里，放养了从楚国买来的麋鹿，表面上与民间"依山谷为牛马圈"（譬如《史记·货殖列传》说的"乌氏倮"）的做法没有本质区别。哪朝哪代的史官会关心哪山哪谷被谁家做"陆"用了，还是谁家的"陆"里放养了几多牛羊马鹿呢？

既然无关乎战争，《史记》当然没有必要记载齐长城，司马迁的洞察力着实令人敬佩。但即使无关乎战争，这么大的国家动静，这么大的经济战略举措，岂能以区区牛圈、马厩、鹿苑蔑然视之？

管仲把当时以及几百年后的史官都给迷魂麻翻了。

一壶浊酒祭英雄，管夷吾尚飨，司马迁尚飨。

后
记

后记

　　天下文章应当以求真为本，求真就要说实话，说实话就要批驳假话，纠正谬误，于是笔者写了这本《齐长城与管子》。

　　齐长城本身的质朴特征，决定了这本书只是就事实真相说话；但是本书的观点迥异于所谓"主流"认识，所以也就被附加了些许标新领异的意味——这或许正是本书的意义所在。

　　齐长城是春秋时期的齐国为了防止海盐走私而修建的，管仲为齐国的海盐经济倾注了心血，为这道齐长城倾注了谋略。与修筑于战国时期的列国长城相比，管仲齐长城是独一无二的经济谋略作品，这是历史事实；承认这个历史事实，要比让齐长城勉为其难地承担战争防御的责任，要合理得多。

　　人们知道存在的就是合理的，却往往忽略了另一面：合理的才可能存在。从顾炎武开始，人们说道了几百年的齐长城的战争防御功能，其实是不合理的，所以也是不存在的——齐长城并不具备战争防御功能。

　　这就像是人们说道了两千年的"道生一，一生二，二生三，三生万物"，其实是不合理的，因此也是不存在的——《老子》没这么说，两千年来人们一直这样说道，其实是对《老子》这句话的误读、误识、误解。请设想：如果承认了"二生三"，由此溯洄从之，就找不到"一生二"了，就只能回到"一生一点五"；反言之，只有回到"一生一点五"，才能推论出"二生三"，"二生三"才有存在的根据。所以根基于"一生一点五"的"二生三"，与"一生二"是不可调和的矛盾：只要承认"一生二"，就意味着对"二生三"的否定。所以"二生三"是不可能的，这是一个悖论——博览史书、满腔情趣、时不时用韵文形式进行哲理推论的一代东方哲人，是不可能说出这番话来的。

国人宽容，竟然在承认"一生二"的前提下认可了"二生三"，而且两千年来师徒传授，人云亦云，一直如此，却从未产生过质疑的念头。可见，让一线东西走向的齐长城，抵御敌国军队从西面（西北、西南）进犯——这种挖空心思的木铎式思考，待其普及为思维定式之后，似乎同样也可以接受。不是吗？

但是笔者不会接受。我写这本书，并无功利目的，只是为了求真，为了净化心灵——忝为学者，我是将这本书的写作，视为一次自我心灵救赎的过程。

《齐长城与管子》书稿终于完成，书中所引《读史方舆纪要》文字，皆由周丙华博士提供；地图和部分图片采自《齐长城资源调查工作报告》，周丙华博士和济宁博物馆刘丽也提供了一些考察照片；何洪先生校对拙著多有重要指正、建议，笔者均已采纳。致谢的话不免千篇一律，不多言，惭愧。

己亥年芒种，
国光红写于济南经华卉典古中医研究所